Double[e]

খাদ্য

2012-25686

L'HOMME
HEROÏQVE
DV COMTE DE PAGAN,
OV
LE PRINCE
PARFAIT
SOVS LE NOM DV ROY
LOVIS AVGVSTE.

A PARIS,

Chez ANTOINE DE SOMMAVILLE,
au Palais, fur le deuxiéme Perron, allant
à la fainte-Chapelle, à l'Efcu de France.

M. DC. LXIII.

AVEC PRIVILEGE DV ROY.

AV ROY.

SIRE,

Ce n'est point le Panegyrique
de Pline ou la Cyropedie de Xenophon que i'offre maintenant
à Vostre Majesté, c'est l'Homme
Heroïque du Comte de Pagan
ou le Prince Parfait sous le
nom du Roy Louys Auguste,
qui par ses qualitez admirables m'a porté dans le dessein

ä ij

EPISTRE.

de l'entreprendre. S'il est vtile au Public ou à la Noblesse ma peine sera recompensée, & s'il est agreable à Vostre Majesté mes ouhaits seront accomplis et mon ambition satisfaite. SIRE, les loüanges que i'ose vous donner en cét ouurage ou elles sont veritables ou elles sont moindres que ces Royales vertus, qui vous font dautant plus estimer qu'elles sont rares & difficiles. Le chemin de la Gloire n'est pas tousiours égal & semblable, il soûmet au commencement les hommes à l'enuie, il les rend au milieu dignes d'admiration, & il les honore à la fin d'vne eternelle renommée. Tous ceux qui sont à present dans le mon-

EPISTRE.

de & qui seront dans les siecles
à venir vous regardent, &
par la comparaison des siecles
passez ils iugent de vostre valeur & de vostre merite. Cyrus
& Trajan estoient à la verité
des grands Princes, mais les
Eloges merueilleux de Pline &
de Xenophon les rendent encore plus admirables : Arrian
mesme se vante d'auoir esté le
plus digne des Historiens du
Grand Alexandre, à cause
qu'il sçauoit estant homme de
qualité la Guerre la Politique
& les affaires, & dans les occasions que i'aurois de m'occuper vn iour à l'histoire, ie pourrois aussi m'attribuer ces auantages. Mais c'est assez Grand

EPISTRE.

Roy Louys Augufte, vous verrez dans cét ouurage l'ordre &
la fuite de tant de vertus qui
font éclater voftre gloire, &
qui m'obligent enfin de prefen-
ter à Voftre Majefté, ces vœux
de mes eternelles obeyffances,
ces marques de mes profonds
refpects, & ces temoignages du
reffentiment que i'auray toute
ma vie des bontez qu'elle me
fait paroiftre.

SIRE,

De Voftre Majefté,

A Paris le 4. Decem-
bre 1662.

Le tres-humble tres-obeiffant &
tres-fidelle fujet & feruiteur,
BLAISE Fr. De PAGAN.

TABLE
DES CHAPITRES.

Contenus en ce volume.

LIVRE PREMIER.

TABLE

LIVRE SECOND.

DES CHAPITRES.

Fautes suruenuës en l'Impreſſion.

PAge 141. ligne 12. Seiptmius liſez *Septimius*.

Page 297. ligne 8. porole liſez *parole*.

Page 338. ligne 3. Ariſtcratie liſez *Ariſto-cratie*.

Page 358. ligne 2. Peloponeſe liſez *du Peloponeſe*.

Page 384. ligne 18. ce pourpre liſez *de pourpre*.

Extrait du Priuilege du Roy.

PAr grace & Priuilege du Roy donné au grand Sceau, figné par le Roy en fon Confeil LE POVPET : Il eft permis à Antoine de Sommauille, Marchand Libraire à Paris, d'imprimer ou faire imprimer, vendre, & diftribuer, vn liure intitulé, *L'Homme Heroïque du Comte de Pagan, ou le Prince Parfait, fous le nom du Roy Louys Augufte.* Et ce durant le téps de neuf ans entiers & accomplis, à compter du iour que ledit liure fera entierement paracheué, & défences font faites à tous autres Libraires d'en vendre, ny

distribuer d'autre impreſſion que
de celle qu'aura fait où fait faire
ledit Sommauille, où ceux ayant
droit de luy, ſous les peines men-
tionnées eſdites lettres, confiſca-
tions des exemplaires, ainſi qu'il
eſt plus amplement mentionnée
en icelle, qui ſont en vertu du
preſent EXTRAICT, tenuës pour bien
& deuëment ſignifiées.

Acheué d'imprimer pour la premiere
fois le 20. Fevrier 1663.

Les Exemplaires ont eſté fournis.

L'HOMME HEROIQVE DV COMTE DE PAGAN.

OV LE PRINCE PARFAIT

Sous le Nom du Roy

LOVYS AVGVSTE.

LIVRE PREMIER.

L'HOMME HEROIQVE DOIT vnir en sa personne les Auantages des Loix & de la Nature.

CHAPITRE PREMIER.

Tovs les Anciens Philosophes, les Peres de l'Eglise, & les Iurisconsultes, demeurent d'accord en

A

leurs définitions ; que le Droit Naturel eſt ce que la Nature enſeigne à tous les Animaux, & que le Droit Poſitif eſt tout ce que les Loix ordonnent en chaque Cité, ou en chaque Royaume : D'où vient à cauſe de la foibleſſe des Hommes & de la prudence des Legiſlateurs, que ſouuent le Droit Poſitif eſt contraire au Droit Naturel, comme il ſe voit dans les Auteurs de la Politique. Dautant que ſi la Nature veut auec Ariſtote, Platon, Socrate, Pline, Seneque & Simonide, que les Hommes les meilleurs ou les plus vertueux ayent toûjours le commandement ſur les autres : Les Ordonnances des Loix veulent au contraire auec Moïſe, Minos, Solon, Licurgue & autres infinis, que toû-

jours les enfans foient heritiers
des facultez ou de la puiffance
des Peres. De forte que l'Homme Heroïque ou le Prince Parfait que ie propofé en cet Ouurage fous le nom du Roy Louïs
Auguste, doit heureufement vnir
en fa perfonne, les auantages du
Droit Naturel aux prerogatiues
du Droit Pofitif: Afin que fon
Empire foit doublement legitime, que fon Gouuernement foit
defiré de tout le Monde, & que
l'obeïffance des Peuples foit accompagnée d'admiration, & de
reuerence; Car ny l'autorité des
Loix ny la force de la coûtume,
ne pourront iamais effacer l'é-
clat de la reputation d'vn homme d'honneur & de vertu, quoy
que fans charge dás le Royaume
ou fans dignité dans la Republi-
blique.   A ij

Le grand Scipion l'Afriquain
en est vn manifeste exemple, il
estoit dans la ville de Rome sans
charge & sans dignité, apres la
gloire de tant de Triomphes; &
toutefois il auoit plus d'autorité dans le Senat & parmy le Peuple, que les Consuls les Tribuns
& les Preteurs; à cause que le
Droit Naturel appuyé sur la prudence la valeur & la bonté d'vn
si grand personnage, combat-
toit dans les cœurs des Romains, le Droit Positif de ceux
qui exerçoient les souueraines
Magistratures. Et si la bonté necessaire, ou plûtôt Naturelle au
magnanime, comme veut Aristote apres Homere, n'eût accompagné la prudence & la valeur extréme de Scipion; il auroit pû dés lors faire sentir aux
Romains, les cruelles fureurs de

Sylla & de Marius, plûtôt que
se bannir volontairement comme il fit pour iamais de son ingrate Patrie. Ainsi le Droict Naturel fondé sur les vertus emi-
nentes de Scipion, vouloit luy
donner vn Empire continuel
dans Rome; mais le Droit Positif étably sur la force des Loix
de la Republique Romaine, dis-
posoit autrement de l'autorité
legitime qui est toûjours la sou-
ueraine. L'Apostre sainct Paul
declare en ses Epistres que toutes les puissances viennent de
Dieu, & Tacite nous exhorte en
ses Annales, de souhaiter les bons
Princes mais tels qu'ils sont de
les endurer; en conformité des
preceptes de Nôtre Sauueur, qui
commande à ses Disciples de rendre à Cesar ce qui appartient à

Cefar, quoy que Tibere fut alors
vn mauuais Prince. Toutesfois
le combat de la Nature contre
les Loix, & de la vertu contre la
Fortune ne ceſſera iamais entierement que ſous la domination
des Princes, qui auront en leur
perſonnes les auantages de la
Nature de la Vertu des Loix
& de la Fortune; C'eſt à dire le
Droit Naturel, & le Droit Poſitif qui ne manqueront iamais
de produire enſemble, les effets
merueilleux qui ſe voyent dans
les Hiſtoires des grands Princes,
comme Cyrus, Alexandre, Cefar, Pompée, Trajan, Conſtantin, Theodoſe, Charlemagne, Solyman, Charles V. Henry le
Grand, & Louïs Auguſte, qui
tient à preſent les rênes de la
Monarchie des François auec

tant de reputation & de gloire,
que ſa prudente ieuneſſe rauit en
admiration les plus grands Politiques du Siecle.

Il faut donc que l'Homme
heroïque ſoit naturellement orné de ces trois qualitez, Prudence Valeur & Bonté, maiſtreſſes
de toutes les Vertus; afin de pouuoir aſpirer comme il doit ſelon
Ariſtote, aux honneurs & aux dignitez; non tant pour ſatisfaire
ſa genereuſe ambition que pour
empeſcher que les méchans ne
les occupent, comme il eſt écrit
de Trajan le plus digne des Empereurs, qu'il prenoit la place du
Prince de peur qu'elle fut occu-
pée par vn Tyran, & que s'il
eſtoit le plus grand des Romains
c'eſt parce qu'il eſtoit le meilleur des hommes. Pline ajoûte

encore en ce Panegyrique parlant au mesme Empereur , que
celuy qui veut commander à
tous doit estre le meilleur de
tous, & sur ce fondement le Prince Parfait ou Heroïque doit éleuer sa gloire & mesurer son ambition , à l'exemple du Roy
Louis Auguste : qui tire de sa
prudence, les conseils & la bonne conduite dans les affaires : de
sa valeur , le courage & la per-
seuerance , en l'execution des
choses qu'il a resoluës : & de sa
bonté, la Clemence dans la valeur & l'humanité dans la prudence, qui est la volonté de bien
faire à tous, & d'agir plûtôt pour
les autres que pour soy-mesme.
Iosephe l'Historien consent à
cette heroïque Sentence : Il fait
dire à Moïse parlant de son fre-

re aux feditieux, qu'en toute forte d'affaires il auoit toûjours pré-
feré l'vtilité publique à la fienne particuliere; & qu'à cette caufe Dieu l'auoit honoré de la Sa-
crificature , le preferant à fes
competiteurs Datan & Abilon,
qui eftoient les Princes de la
tribu de Iuda la plus noble d'entre les douze. Et Samuel le Prophete porté d'vn mefme efprit
que Moïfe, facra le ieune Dauid pour Roy d'Ifraël du viuant
mefme de Saül , qui eftoit en
poffeffion de la Couronne &
qui en auoit dé-jà perdu les
droits, pour fes fautes & fa dé-
fobeïffance. Si les derniers Roys
de la race de Clouis & de Me-
roüée n'euffent point abandonné le droit naturel aux Charles
& aux Pepins Maires du Palais,

ils n'auroient pas si-tost perdu
le droit positif de la Couronne.
Et Henry le Grand de glorieuse memoire Ayeul de Vostre
Majesté, n'eût iamais surmonté les difficultez qui s'opposoient
à l'établissement de sa Royauté;
si la force du Droit Naturel
n'eût aydé la puissance du Droit
Positif, en sa personne Royale.

Toûjours la Prouidence ou la
Destinée ont ainsi décreté dans
les affaires humaines, pour faire voir que la vertu n'est pas
moins puissante que la Fortune,
contre la Sentence ou plutôt
ces dernieres paroles de Brutus,
que Florus apres Plutarque rapporte en son Epitome, Que la
Vertu n'est que de nom seulement & qu'elle n'a point de
pouuoir sur les affaires des hom-

mes. Pepin le Bref fils de Charles Martel fortifié des grands merites de luy, de son Pere & de son Ayeul, auoit esté iugé digne du Royaume par le consentement vniuersel de tous les François; Le Pape Estienne Second venant à Paris, le sacre, & le Couronne du viuant de Clouis Cinquiéme. Les Allemans se plaignoient & craignoient ensemble, la ieunesse violente, & la mauuaise education de l'Empereur Henry Quatriéme; Le Pape Gregoire Septiéme de leur consentement enuoye la Couronne de l'Empire à Rudolphe Duc de Suobe, qui mourut, enfin dans cette guerre: Les Roys & les Caciques du nouueau Monde, estoient ouuertement plongez en des crimes ou des

vices enormes ; Le Pape Alexandre Sixiéme & ses successeurs,
leur ostent l'Amerique & la
donnent aux Roys de Castille
pour en chasser l'idolatrie. Et
Diodore raconte que les Anciens Prestres de Meroé en
Ethiopie, estoient en possession
de commander aux Roys de
cette Isle de la part des Dieux,
de quitter le Royaume s'ils en
deuenoient trop indignes.

Or non seulement Aristote,
& Platon dans leurs Republiques, & Simonide en Xeno-
phon dans ses Dialogues auec le
Prince de Syracuse, mais encore sainct Thomas sainct Ambroise & les Theologiens qui
ont écrit de la Politique, veulent de plus & consentent qu'vn
homme de moindre vertu qui

est dans les dignitez ou dans le droit d'y arriuer ; cede volontairement son droit ou sa dignité, à vn autre meilleur & de plus grande valeur, comme fit Artabanus à Xerces, Britannicus à Neron, Diocletian à Constantius, Robert Duc de Bourgongne à son frere Henry Premier, le Comte de Boulongne à Baudoüin Second Roy de Ierusalem, Loüis Archeuesque de Tholouse à Robert son frere depuis Roy de Naples, le Pape Celestin Cinquiéme à Boniface Huitiéme, Valere Euesque d'Hyppone à sainct Augustin, Gregoire Douziéme à Martin Cinquiéme, la Reyne Christine à Charles Second Roy de Suede, les Enfans du Roy Dauid à Salomon le plus ieune de tous, &

le premier que ie deuois nommer Esaü à son frere Iacob,
non tant pour la volupté d'vn
plat de Lentille comme dit la
sainte Escriture, que pour in-
troduire vn meilleur Prince que
luy dans la genealogie sacrée
de l'Epoux de Marie. Mais il
faut suiuant l'opinion des Philosophes & des Politiques, que ce
changement ou plutôt ce consentement volontaire se fasse
tousiours librement sans bruit
sans guerre & sans tumul-
te; car autrement il seroit contre le droit diuin naturel & positif, comme fut la violence
de Nabarzane, la perfidie du
Comte de Vermandois, & la
reuolte des Espagnols; le premier pour mettre Bessus en la
place de Darius, le second pour

depoſer Charles Quatrieſme en
faueur de Rudolfe de Bourgo-
gne, & les derniers pour oſter la
Couronne à Dom Pierre le cruel,
& la dóner au Comte de Tranſ-
tamare ſon frere baſtard, qui fut
Henry Second Roy de Caſtille:
Auſſi la trahiſon & la méchanceté des deux premiers trouue-
rent enfin la punition qu'elles
auoient merité du dernier ſupplice, par la generoſité d'Alexandre, & la iuſtice du Roy Louïs
Quatriéme.

Pour reuenir maintenant au
particulier de l'Homme Heroïque, il faut encore adiouſter
qu'il doit toûjours auoir en ſa
perſonne, les auantages du droit
naturel acquerant dés ſa jeu-
neſſe comme dit Ariſtote au
premier de la Morale, les habi-

tudes de la Vertu, pour eſtre le
meilleur & le plus digne ; afin
qu'il puiſſe heureuſement trou-
uer dans les diuerſes condi-
tions de la vie humaine, la gloire l'autorité & la bonne fortune. Car ſi dans le mariage le mary eſt meilleur que la femme, ſi
dans la famille le pere eſt meilleur que les enfans, ſi dans la
maiſon le maiſtre eſt meilleur
que les ſeruiteurs, ſi dans la Cité
le Magiſtrat eſt meilleur que le
Peuple, & ſi dans le Royaume
le Prince eſt meilleur que les ſu-
iets ; il eſt indubitable que les
euenemens ne manqueront iamais de répondre à vne ſi belle
& ſi parfaite harmonie, parce
que le droit naturel & le droit
poſitif ſe trouueront vnis, dans
la perſonne du mary du pere
du mai-

du maiſtre, du Magiſtrat ou du Prince. Mais au contraire , ſi dans le mariage la femme eſt meilleure que le mary , comme l'Imperatrice Agripine & la Reyne de France Iſabeau de Bauiere ; Si dans la famille les Enfans ſont meilleurs que le Pere, comme les trois fils de l'Empereur Louys premier & Charles Dauphin depuis ſeptiéme du nom Roy de France ; Si dans la maiſon les ſeruiteurs ſont meilleurs que le Maiſtre, comme les trois Affranchis de Claudius Empereur des Romains ; Si dans la Cité le Peuple eſt meilleur que le Magiſtrat , comme les Atheniens ſous les trente Gouuerneurs ou tyrans de leur ville ; Et ſi dans le Royaume les ſujets ſont meilleurs que le prince ;

comme les Romains du temps
de Neron & de Vitellius, il ne
faut esperer que troubles sedi-
tions & desordres : à cause que
les droits naturel & positif se
trouuent separez & diuisez en
des personnes, naturellemét op-
posées & qui ne s'accordent que
raremét;parce que celuy qui doit
& ne sçait commander ne veut
point obeïr,& que celuy qui doit
obeir veut commander à l'autre.

Mais vous grand Roy Louys,
Auguste vous auez en vostre
personne, les trois aduantages
du droict diuin du droict naturel & du droict positif; Vous a-
uez le droict diuin par la Royauté que Dieu a estably sur la
terre, dans les personnes des
Roys Saül & Dauid le prophete; Vous auez le droict naturel

en ce que vous estes le meilleur
& le plus vertueux, de vos princes de voftre Nobleffe & de vos
peuples ; & vous auez le droict
pofitif, parce que vous estes he-
ritier & fucceffeur , des Roys
Louys le Iufte Henry le Grand
Louys le fainct & Hugues furnommé Capet , tige Royalle de
vos anceftres. Vous auez le
droict diuin de la prouidence,
qui ofte & donne à fa volonté
les Royaumes ; Vous auez le
droict naturel de la vertu & de
la nature , qui vous eft fi fauo-
rable ; Et vous auez le droict
pofitif des Loix & de la Fortune , qui vous a fait naiftre fils
de Roy dans vn Royaume he-
reditaire : De forte que ie puis
encore adioufter , que tout ce
que l'on void maintenant de fi

B ij

merueilleux en voſtre Majeſté,
n'eſt que l'heureux commencement d'vne grandeur plus admirable ; puis que vous auez
pour voſtre Royalle perſonne,
Dieu la Nature la Vertu les Loix
& la Fortune.

L'Homme Heroïque doit auoir en ſa
perſonne, les auantages des Pa-
rens & de la Nobleſſe.

CHAPITRE II.

A Iax fils de Telamon ſe
diſpoſant d'aller au com-
bat contre Hector le redoutable fils de Priam , dit aux grecs
qui l'enuironnoient en foule. Si
les parens la patrie & la nourriture augmentent le courage &

nous font eftimer, i'ay ces trois
auantages en ma perfonne. Ariftote apres Homere nous enfeigne au troifiéme de la Morale,
que les grandes vertus viennent
pluftoft de la nature que de l'habitude ; Et dans le feptiéme il
nous apprend que les grandes
qualitez, procedent pluftoft de
la Nobleffe que de la nature : Il
cite au mefme endroit les paroles qu'Homere fait dire à Priam
de fon fils Hector, parlant à fes
autres enfans.

Vous n'euffiez iamais crû qu'il euft
pris fa naiffance,
D'vn mortel, mais des Dieux à voir
fa contenance
Tant il eftoit vaillant & debonnaire à
tous:

Il adioufte en fuitte que la nobleffe de Sparte auoit accouftu-

mé d'appeller hommes diuins,
ceux qui s'éleuoient en vertu par
deſſus les autres; Et plutarque
rapporte que l'Oracle de Delphe reſpondit à Licurgus, qui
le conſultoit ſur l'eſtabliſſement
de ſes loix; Ie ne ſçay ſi ie dois
homme ou Dieu t'appeller, ô
Licurgue. Diodore parlant des
trois cent Lacedemoniens qui
combatoient aux Thermopiles
contre les Perſes, dit qu'ils ſer-
roient les rancs & les files comme faiſoient les demy-Dieux en
la guerre de Troye; employant
dans ſon hiſtoire à l'exemple de
Polybe, ce vers du Poëte Homere; quand il décrit la furieu-
ſe ordonnance des troupes d'A-
chille. (Ecu contre Ecu & Creſte contre Creſte.) C'eſt à dire
encore vne fois ſelon mon ſen-

timent , & fuiuant noftre vfage , ferrez vos rangs & vos files
pour faire vn bataillon plus ferme & plus folide, comme eftoit
la phalange des Macedoniens
felon Tite-Liue. Quinte Curfe
rapporte auffi qu'Alexandre le
Grand voulut facrifier fur le
tombeau d'Achille, Heros ou
demy-Dieu ; & Diodore raconte que les generaux des confederez de la Grece firent des facrifices auant que donner la bataille de Salamine , fur l'Autel
que les Salaminiens auoient anciennement dreffé à l'honneur
d'Ajax fils de Telamon, à caufe
des grandes vertus de ce Prince
Heroïque : Enfin nous voyons
dans Herodote que Taltibie He-
raut du Roy Agamemnon en la
guerre de Troye , auoit vn tem-

ple & vn Autel dans la ville de
Sparte où ſes deſcendans qui
auoient la meſme charge entre
les Lacedemoniens tenoient leur
College, pareil ou ſemblable à
celuy des Feciales à Rome qui
eſtoit des plus illuſtres familles,
comme il ſe void au premier liure de Tite-Liue.

Or non ſeulement les hom-
mes o u les princes qui auoient
éclaté dans le monde auec
tant de valeur & de qualitez éminentes, eſtoient tenus
pour Dieux ou pour enfans des
Dieux; comme Oſiris & Dio-
niſius en Egypte; Hercule &
Bacchus dans la Grece; Romulus & Saturne en Italie ſans parler des autres : mais encore les
maiſons ou les familles qui a-
uoient donné de ſemblables he-

ros, eſtoient eſtimées auoir leur
origines des meſmes Dieux ;
comme les Eacides , les Pelopi-
des , & les Heraclides ; Les Dar-
danides de Phrygie , les Minoï-
des de Crete , les Alpheïdes de
Lydie , les Iules , les Fabiens &
les Antoines de Rome , & autres ſemblables. De ſorte que
tant de familles illuſtres venant
à ſe multiplier notamment dans
la Grece , il ne faut pas s'étonner de ce que Herodote dit en
ſon hiſtoire de Polycrate grand
& puiſſant Prince de Samos ;
qu'il n'eſtoit que de race humaine , c'eſt à dire dans mon ſenti-
ment , qu'il eſtoit d'vne maiſon
qui ne tiroit point ſon origine
des Dieux , mais ſeulement des
hommes. Toutefois puis que
l'homme Heroïque ou le Prince

Parfait doit auoir les auantages
que nous traittons maintenant,
des parens de la patrie & de la
nourriture ; ie dois premierement parler des parens ou de la
nobleſſe qui ne manque iamais
de produire en des ames bien
nées , des vertus & des qualitez
dautant plus releuées que la gloire des anceſtres eſt plus éclatan-
te , comme ſouuent il ſe void
dans Homere en ſon Iliade ; où
le vaillant Achille reſpond à la
vanité du Prince Aſterope , qui
tournant viſage pour le combattre ſe glorifie d'auoir vn demy-Dieu pour ſon biſayeul.

A quoy bon de vanter tes ayeuls &
  ta race,
Si mes anceſtres ſont plus qu'eux dignes
  d'honneur
Ie dois auoir auſſi plus que toy de valeur.

A cause, disoit-il, que Iupiter estoit pere d'Eacus, Eacus de Pelée, & que Pelée estoit son pere. Dauantage nous voyons dans le mesme Autheur qu'Agamemnon voulant exciter Diomede, à se porter vaillamment en la bataille qui s'alloit commencer; luy raconte en forme d'honnestes reproche les grandes & belles actions de son pere Tydée, dont la gloire surpassoit de beaucoup la sienne: Et Tite-Liue nous fait connoître en sa premiere Decade les grandes vertus & qualitez de la premiere & plus ancienne noblesse des Romains, par la confession mesme de ses enuieux; lors que les Tribuns du peuple accusoient & chargeoiët de lâcheté le Consul Posthumius à cause du desordre de son ar-

mée , l'vn d'entr'eux luy difant
en colere. Où eft en vous cette
grandeur de courage des Patri-
ciens ? dautant que Pofthumius
eftoit de ces grandes & nobles
familles , que l'on appelloit Pa-
triciennes dans Rome.

Ce n'eftoit donc pas fans raifon que les peuples de l'antiquité qui auoient en telle veneration les fublimes vertus des
grands perfonnages , croyoient
facilement & fe perfuadoient
que la nature humaine fans la
participation de la nature diuine , ne pouuoit arriuer à des
faits fi merueilleux & fi admirables ; d'où vint cette opinion
dans le monde que les Dieux en-
gendroient les demy-Dieux qu'ils
appelloient Heros , & qui tenoient de l'vne & de l'autre na-

ture, c'eſt à dire de l'humaine
& de la diuine; comme il ſe void
par l'exemple des anciens ROYS
ou Princes des temps les plus re-
culez, & en des ſiecles plus bas &
plus des-abuſez par Alexandre
le Grand qui fut tenu de pluſieurs pour fils de Iupiter, de
meſme que le Grand Scipion
parmy les ROMAINS; & par Ceſar le miracle des hommes HE-
roïques ſuiuant l'opinion de Pline ſecond, qui fut appellé le diuin Iule apres ſa mort; non tant
à cauſe de la puiſſance ou de l'intereſt de ſes ſucceſſeurs, que
pour la gloire de ſes vertus &
de ſa fortune: Car ſi les Empereurs des ROMAINS ont toûjours
pris le tiltre de diuin auec le nom
de Ceſar, comme il ſe void dans
les medailles les monumens &

les hiftoires , ce n'a efté que par
force ou par l'introduction de la
coûtume.   Conftantin a efté le
premier en fe faifant Chreftien
de renoncer à ce tiltre , le laif-
fant aux Princes des Apoftres &
aux fainƈts Peres de l'Eglife, qui
par vn admirable changement
ont méprifé la gloire du monde
pour meriter la gloire célefte : Et
toutefois les Arabes a l'imitation des Romains ont conferué
iufques à maintenant ce tiltre
de diuin à leurs Princes , comme au Roy de Perfe & au Sac
Emir d'Arabie. A quoy ie puis
adioufter que Solyman Second
Empereur des Turcs , a efté le
premier qui l'ait vfurpé entre les
Othomans apres fa conquefte
de Babylone ; où il le receut en
publique ceremonie du Caliphe

de Bagadet qui eſt la meſme ville.

Il ſera bon toutesfois de m'é-
tendre pour faire connoiſtre
qu'elle eſt mon intention dans
l'établiſſement de l'homme Heroïque , ſur le ſuiet de ſes parens ou de ſa naiſſance : car puiſque les grandes vertus ſelon Ariſtote procedent ſouuent de la nature , comme la prudence & la
valeur dans le ſupréme degré
d'excellence ; il pourroit ſe trou-
uer des hommes heroïques ſans
nobleſſe ou de naiſſance commune , comme eſtoient Dioni-
ſius Agatocles & Marius , qui
ſont heureuſement arriuez au
ſommet de la gloire & de la fortune des hommes , auſſi bien
qu'Alexandre Scipion & Ceſar
iſſus de la plus grande nobleſſe.

Mais à caufe que le mefme Ariftote nous declare dans le quatriéme & le feptiéme de la morale, que la bonté naturelle abfolument neceffaire au magnanime, ne fe treuue que rarement
dans les hommes pour accompagner les autres bonnes qualitez ; & que cette bonté naturelle paroift plus ordinairement
dans les perfonnes d'illuftres familles, ie dois me perfuader que
la naiffance glorieufe d'Alexandre de Scipion & de Cefar les
ont rendu capables d'atteindre
à la fublimité de l'homme Heroïque ; & que la baffeffe au contraire des autres Dionifius Agatocles & Marius leur en a ofté
le pouuoir , les ayant fait tous
trois des prodiges de cruauté de
trahifon & de perfidie : D'où
s'enfuit

s'enfuit que la prudence & la
valeur fans la bonté peuuent faire de grands Capitaines & de
grands Princes , mais que la
prudence la valeur & la bonté
toufiours dans l'excellence peuuent faire les grands Capitaines
les Princes Parfaits & les hommes Heroïques ; comme eftoit
Henry le Grand à caufe de fa
douceur & de fa clemence, que
ie puis comparer à celle de Cefar que Pline Florus & Plutarque loüent auec tant d'auantage ; & que ie trouue en tout &
par tout extraordinaire notamment par ces paroles de Ciceron
parlant au mefme Cefar, pour le
reftabliffement de Marcellus ;
qu'à la verité les Capitaines les
Officiers & les foldats de fon armée , auoient part à la gloire

qu'il auoit acquife dans les batailles & les victoires; mais qu'il
eftoit feul à ioüir de la gloire,
que fa clemence luy auoit donnée. Polybe ayant debité dans
fon hiftoire cette pensée long-
temps auant Ciceron, dans vne
harangue qu'il fait prononcer à
vn Etolien parlant au Roy Phi-
lipes de Macedoine qui fut pere de Persée.

Mais pour faire voir à voftre
Maiefté ô Prince incomparable,
les auantages que vous auez des
Roys vos Parens & de voftre
Royalle naiffance; ie dois vous
faire connoiftre que voftre Maifon eft la plus illuftre de toutes
les maifons qui ont iamais efté
& qui font encore dans le monde de l'authorité mefme d'Ariftote : car ce grand Philofophe

declare qu'il faut deux chofes
dans les grandes nobleffes, l'antiquité & la fplendeur ; dautant
que d'auoir plus d'antiquité que
de fplendeur comme les Roys
Heraclides de Sparte , ou plus
de fplendeur que d'antiquité
comme les Roys Catholiques
d'Efpagne : ce n'eſt point le parfait accompliſſement que fou-
haitte Ariſtote , & que ie treuue toutesfois plus auantageuſe-
ment dans la maifon de France
qui regne à prefent , que dans
toutes les autres. Herodote &
Diodore racontent que de leur
temps trois cens trente Roys
auoient commandé dans l'Egip-
te l'efpace de treize mille ans,
mais fouuent de fucceſſion in-
terrompuë ou de diuerfes familles ; dont les principalles eſtoient

C ij

celle des Roys Ofyris Menas Simandius Prothée Vexoris Egyp-
tus Amazis & autres. Berofe &
Iofephe font mention dans leurs
hiftoires des anciens Roys d'Affyrie, qui ont regné l'efpace de
treize cent ans, depuis Ninus
iufques à Sardanapale; fans nous
affeurer de leur droite & continuelle fucceffion, à caufe de
l'antiquité du temps qui leur en
a ofté la connoiffance. La famille des Roys des Medes depuis Dejocez iufqu'à Ciaxare fils
d'Aftiage, n'a pas duré deux cent
ans non plus que la Royalle
maifon de Nabonaffare en Ba-
bylonne, qui finit auec Laby-
nitus ou Nabonede felon Diodore & Iofephe : Mais la famille du Roy Dauid a tenu plus
long-temps le Sceptre de Hie-

ruſalem , qui ſortit de cettè illuſtre maiſon par la captiuité du
Roy Sedecie , apres auoir poſſedé enuiron quatre cent ans le
Royaume de Iuda comme il ſe
void dans la ſainĉte Eſcriture.

Quant à ce qui regarde la Perſe qui a touſiours eſté comme
elle eſt encore à preſent l'vn des
plus grands Royaumes du monde , les premiers Roys depuis le
Grand Cyrus iuſqu'à Darius qui
fut défait par Alexandre , ne ſont
point arriuez à trois ſiecles &
toutesfois de diuerſes familles :
mais la maiſon des Arſacides qui
commença de regner ſoixante
& douze ans apres la mort du
grand Alexandre , & qui finit
en la perſonne du Roy Artabanus du temps de l'Empereur Alexandre Seuere , fut de plus lon-

gue durée ; ayant commandé à
ce grand Royaume l'efpace de
quatre cent quatre-vingts ans :
Et la Royalle famille d'Artaxa-
re qui occupa la Couronne de
Perfe apres la défaite des Parthes , fe maintint dans le thrône quatre fiecles entiers ayant
acheué par la mort de Sydiger-
de défait par les Arabes enuiron
l'an fix cens trente de noftre falut , comme il fe void dans les
hiftoires. Herodote & Iuftin
rapportent que la maifon des
Heraclides en Lydie regna l'efpace de cinq cens ans , depuis
Alphée iufqu'au Roy Candaule;
& que la famille des Mernades
qui prit la place de l'autre , &
qui eut fon commencement à
Gyges & fa fin à Crefus , n'ar-
riua point à deux fiecles. Toutes

les autres maifons qui ont en
diuers temps poffedé les diuers
Royaumes de l'Afie , comme
d'Attale de Mitridate & de Ty-
granes , ne meritent pas d'eftre
icy rapportées , à caufe du peu
de temps qu'elles ont tenu la
Couronne ; Et toutefois ie ne
dois point oublier les illuftres familles de Seleucus Roy de Syrie
& de Ptolomée Lagus Roy d'E-
gypte , qui commencerent à regner douze ans apres la mort
d'Alexandre , quoy qu'elles
n'ayent point atteint la fin du
troifiéme fiecle ; la derniere des
deux ayant finy à Cleopatre.
Mais les deux grandes familles
des Arabes qui ont commandé
depuis les Indes iufques aux
monts-Pyrenées , comme Ca-
liphes de Bagadet ou de Mem-

phis fous les noms des Aben-
Abeffes & des Aben-Homiës du
fang des filles de Mahomet , ont
regné plus de fix cens ans l'vne
apres l'autre felon les euenemens
de leur guerre ciuile.

La Maifon de Priam comme
il fe voit dans Homere com-
mâçant au Roy Dardanus ne dura que deux fiecles, non plus que
celles des Roys de Ierufalem &
de Cypre : Mais depuis quatre
cent ans ou peu dauantage la
maifon de Chinguis & de Ta-
merlan Empereurs des Tartares,
commande parmy les Scythes &
dans les Indes. L'Hiftoire des
Empereurs de Conftantinople eft
trop commune pour ignorer les
continuelles mutations des familles qui en ont poffedé le tiltre , & pour ne fçauoir pas que

la maison des Paleologues l'a
conſerué ſeulement deux ſiecles
entiers , depuis l'Empereur Mi-
chel iuſqu'à Conſtantin Onzié-
me du nom qui mourut à la pri-
ſe de cette fameuſe ville. Nous
voyons auſſi dans l'hiſtoire de
Chalcondyle que la maiſon des
Ottomans qui regne auec tant
de gloire & de puiſſance , n'a
commencé qu'enuiron l'an mille trois cent de noſtre ſalut ; &
que la famille de Sac Aidar pere d'Hiſmaël Roy de Perſe, commande ſeulement depuis cent
ſoixante ans à ce grand Royaume dont Abas ſecond tient à
preſent la Couronne. De plus
nous ſçauons que la Maiſon du
Cherif qui eſt maintenant Roy
de Fez & de Marroc , n'a ſon
commencement que depuis cent

ans ; & que les Incas ou Roys
du Perou en ont tenu durát quatre fiecles le Royaume tous d'v-
ne mefme famille, dont Ataba-
lipa fut le dernier qui mourut
en mille cinq cens trente-trois ;
comme le Roy Motezuma de
Mexique en mille cinq cens
vingt-vn , qui fut le dernier de
la race des Chichimeques qui en
auoit tenu le Royaume trois fiecles. Venons maintenant aux
grandes familles de l'Europe
pour les comparer à la voſtre
grand Roy Louïs Auguſte , apres
auoir toutefois encore adiouſté
que les trois diuerſes maiſons
de Maſſiniſſe de Iuba & de Genferic le Vandale , n'ont pas regné chacune plus de cent ans
dans l'Affrique ou la Mauritanie.

Les anciennes Chronologies
d'Eusebe nous apprennent que
les Royaumes de la Grece ont
souuent changé de famille , &
que celle de Tantale qui finit à
Thysamene fils d'Orestes ne regna que cent soixante ans quoy
qu'elle fut de plus longue durée que les autres ; mais que la
maison des Roys de Macedoine qui eut son origine de Cara-
nus & sa fin de la mort d'Ari-
dée frere d'Alexandre le Grand,
fut dans ce Royaume quatre
cent ans ; de mesme que la famille d'Enée dans celuy des Latins en Italie , qui acheua de regner au temps de la fondation
de Rome. Entre tant de diuerses maisons qui ont tenu les
Royaumes de Lombardie de
Naples de Boheme de Hongrie

& de Pologne, il ne s'en trouue point qui ſoit arriuée à deux
cent ans, ſi ce n'eſt la famille de
Paſto Roy de Pologne qui en a
duré cinq cent ; & le Roy Ca-
ſimir qui en tient à preſent le
Sceptre, n'eſt que dans le quatriéme degré de ſa famille Royalle depuis Guſtaue Premier du
nom Roy de Suede : qui eſt à
preſent ſous la domination d'vn
ieune Roy, fils de Charles Second des Princes Palatins de
l'Empire. Les Roys de Danne-
marc de la maiſon des Comtes
d'Oldembourg, ne ſont auſſi
que depuis cent cinquante ans
en poſſeſſion de ce Royaume; &
Charles Second Roy d'Angleterre qui regne à preſent auec
tant de gloire & de proſperité,
n'eſt que le troiſiéme Roy de la

Grande Bretagne de fa famille
Royalle ; car de toutes les maifons qui ont poffedé les Royaumes d'Angleterre en diuers téps,
celles de Plante-Genet a efté do
la plus longue durée, à fçauoir
de trois cent ans ou enuiron, depuis Henry Second Roy d'Angleterre fils de Geoffroy Comte d'Anjou iufques à Edoüard
quatriéme du nom qui fut tué
dans les guerres Ciuiles. Les
Roys de toute l'Efpagne de la
race des Gots regnerent pareillement durant trois fiecles, tous
d'vne mefme famille depuis Ala-
ric iufqu'à Roderic qui mourut
à la bataille de Xerés contre les
Mores en l'année fept cent douze : Mais les Royalles maifons
de Nauarre de Leon de Caftille
de Portugal & d'Arragon, ont

tellement changé & si peu duré
dans vne mesme race legitime,
que la famille des Comtes de
Barcelonne en a esté la plus longue en ligne droite & masculi-
ne : ayant trouué sa fin apres
auoir regné trois cent ans, en la
personne de Ieanne Reyne d'Espagne mere de l'Empereur Charles Cinquiéme.

Que si ie veux penetrer dans les
maisons des Princes qui ont occupé l'Empire Romain depuis
Iules Cesar soit dans l'Italie ou
dans l'Allemagne, ie n'en trou-
ueray point qui l'ait tenu iusqu'à cent ans de suite si ce n'est
l'Auguste maison d'Austriche,
qui a donné pour son premier
Empereur Rudolphe premier du
nom en l'année mil deux cents
septante & deux, c'est à dire de-

puis quatre cents ans ; de qui
font defcendus tous les Empereurs & tous les Roys d'Efpagne de la maifon d'Auftriche
qui ont efté & qui regnent encore. Mais fi ie reuiens à mon
fujet qui eft la Royalle maifon
de France, ie treuueray que la
premiere à duré trois cens trente années, depuis le Roy Pha-
ramond iufqu'à Clouis Cinquiéme ; que la feconde en a
tenu la Couronne deux cens
trente fept ans, depuis Pepin le
Bref iufqu'à Louys Cinquiéme;
& que la troifiéme en a defia
poffedé le Royaume l'efpace de
fix cens foixante & feize ans, à
compter d'Hugues furnommé
Capet iufqu'au Roy Louïs Augufte qui regne en cette année
mil fix cens foixante-deux, âgé

feulement de vingt-quatre ans ;
mais comblé de tant de gloire,
de puiſſance & de reputation,
que toute l'Europe le iuge digne
de la Monarchie vniuerſelle :
ainſi par la comparaiſon de tant
de familles Royalles auec celle
de voſtre Maieſté , vous pour-
rez voir Grand Prince que voſtre glorieuſe Maiſon à tout enſemble l'antiquité & la ſplen-
deur , autant & plus qu'aucun
autre des preſentes ou des paſ-
ſées ; & que vous auez en voſtre
Auguſte & Royalle perſonne les
auantages des parens & de la
Nobleſſe , comme veulent Homere & Ariſtote , pour arriuer
plus facilement ou vous tendez,
qui eſt à la ſublimité du Prince
Parfait où Heroïque.

L'homme

*L'homme Heroïque doit auoir en sa
personne les Auantages des Parens & de la Patrie.*

CHAPITRE III.

IL est encore necessaire de
rapporter vne seconde fois,
les paroles que le Poëte Homere fait dire au vaillant fils de
Telamon, pour donner à soy-
mesme & aux Grecs plus de
confiance sur le douteux euenement du combat, où il entroit
seul à seul contre le redoutable
fils de Priam : Si les Parens la
Patrie & la nourriture augmentent le courage & nous font
estimer, i'ay ces trois choses en
ma personne. Il estoit à la verité

fils de Telamõ Prince de Salamine, Telamon eſtoit fils d'Eacus ſi
fameux dans le Poëte Ouide,
& ce dernier eſtoit fils de Iupiter Roy de Crete ſemblable aux
Dieux à cauſe de ſes vertus Heroïques. Or non ſeulement Ajax
de qui nous parlons maintenant
ſe glorifioit du ſang illuſtre de
ſes Anceſtres , mais encore de
l'eſtime ou de la gloire que ſon
pere auoit acquiſe par ſa valeur
& par ſa prudence ; ayant eſté
auec Iaſon à la conqueſte de la
Toiſon d'or ; auec Theſée en la
bataille contre les Amazones ;
auec Hercule au ſaccagement
de la ville de Troye ; & auec
Eteocle au ſiege de Thebes contre Polynice ſon frere. Il vouloit dans vne occaſion ſi preſ-
ſante faire connoiſtre à ſoy-mé-

me & aux siens, l'auantage qu'il
pouuoit esperer en sa personne
de la valeur de ses Parens & de
la gloire de sa noblesse. Il adiouste vne autre consideration à
cette premiere, il veut que la
renommée de sa Patrie luy donne encore plus de reputation ; &
parce qu'il estoit né dans la Grece, il vouloit qu'on l'estimast
dauantage. Si Homere auoit
écrit apres la guerre Persique ou
les victoires d'Alexandre, ie
m'étonnerois moins des prerogatiues qu'il donne de son temps
à la Grece ; mais estant si merueilleux & si iuste en toutes choses comme dit mesme Sainct
Augustin qui ne cesse de l'admirer, il faut se persuader que
les Grecs des Siecles qui le precedent, ne cedoient point à la ver-

tu ny à la valeur des autres po-
fterieurs à ce grand Perfonnage ; qui confent auec tous les
Geographes que la bonne ou
la mauuaife qualité des Regions,
augmentent la bonne ou la mauuaife qualité des hommes.

Mais dautant que les aduantages que l'homme нeroïque
doit auoir en fa perfonne , du
cofté de fes parens & de fa nobleffe , font affez amplement
traittez dans le precedent Chapitre ; il faut s'occuper maintenant à rechercher les aydes qu'il
doit efperer en faueur de fes magnanimes vertus , du cofté de fa
Patrie de la Region & du pays
de fa naiffance ; pour faire voir
à noftre Monarque des lys , ce
qu'il doit raifonnablement en
attendre , par la comparaifon

de tant de Prouinces les vnes
auec les autres ; par la confideration de tant de fiecles diuers
& paffez ; par la nature ou la
qualité de tant de Regions differentes ; & par la condition de
tant de Peuples diuers qui habi-
tent le rond de la terre. Mais
comme la nature & la fortune
partagent les caufes de ces changemens , il fera bon de faire
connoiftre en peu de mots qu'elle eft la puiffance de l'vne & de
l'autre. Les Philofophes & les
Naturaliftes confentent vnani-
mement à donner la caufe de
ces diuerfitez à la Nature , mais
les politiques l'atribuét à la Fortune ; parce que les fciences & les
vertus ont leur reuolution dans
le monde , comme les Empires &
les affaires des hõmes. Peut-eftre

qu'il faudroit m'arrester trop
long-temps si ie voulois décrire
comme les autres , les qualitez
naturels des Climats & des Zo-
nes de la Terre : c'est vne connoissance trop commune de sçauoir que celle de la Torride ,
rendent les hommes Religieux
& sçauans ; que celles de la temperée , les font politiques & militaires ; & que celles de la Froide , les rendent ignorans & Barbares ; que les nations ou les
peuples qui confinent les vnes
auec les autres sur les bornes de
ces diuisions , se ressentent du
mélange de ces qualitez ; &
qu'enfin les Prouinces qui sont
au milieu de la Zone moyenne
ou temperée , sont les plus heu-
reuses patries des hommes Parfaits ou des Princes Heroïques,
suiuant la plus commune opi-

nion des Hiſtoriens des Philoſophes & des Geographes ; qui
ont accouſtumé de recomman-
der le merite des hommes, par
la reputation & la renommée
de leur patrie.

Herodote parlant à l'auantage de Cyrus dit qu'il eſtoit de
la nation des Parſagrades, la
plus noble & la plus valeureuſe
de la Perſe. Platon le diuin Philoſophe des Grecs rendit graces
en mourant à ſes Dieux immortels, d'eſtre né dans Athenes &
non point ailleurs. Plutarque en
la vie de Dion le Siracuſain parlant de Calippe a dit, que comme la Prouince d'Attique portoit le meilleur miel & la plus
méchante ciguë, qu'elle portoit
auſſi les meilleurs & les plus méchans hommes de la terre. Les

Grecs reprochoient ordinairement au Philosophe Anachar-
sis, qu'il estoit né dans la Scythie & non point dans la Grece. Orphée Homere Pithago-
re Solon & Licurgue, sont loüés
de tous les Autheurs pour auoir
esté souuent en Egypte à cause
de la renommée de cette Prouince. Les Carthaginois vaincus
& pressez par les armées du Conful Attilius, enuoyerent cher-
cher dans le Peloponese des soldats & des Capitaines plus sages qu'eux, suiuant les témoi-
gnages de Florus & de Polybe.
Les Romains comme il se voit
dans Tite-Liue députerent des
Ambassadeurs aux Atheniens,
pour auoir la communication
des Loix qui rendoient leur patrie recommandable. Polybe &
Tite-Liue rapportent qu'Anni-

bal & les Carthaginois auoient
cette maxime, de puiser dans l'Espagne la meilleure infanterie
de toutes leurs armées. Diodore
& Iustin racontent que les trouppes auxiliaires des Gaules, étoient
anciennement recherchez de
tous les Princes de la Grece &
de l'Asie. Qui peut ignorer la
grande reputation des Romains
& l'ancienne gloire de l'Italie?
Mais quel témoignage plus a-
uantageux peut-on donner
Grand Roy Louys Auguste en
faueur de vostre glorieuse Patrie, que celuy de Saluste en ses
histoires. Que les Romains combattoient contre les autres nations pour la gloire, mais contre
les Gaulois pour la vie; & dans
vn autre endroit. Que les Romains cedoient aux Grecs le prix

de l'Eloquence, & aux Gaulois la gloire des armes : peut-estre que Salufte a décrit ce volume deuant que Cefar eût paſsé les Alpes auec ſon armée, quoy qu'il en ſoit ie puis dire de ce grand Capitaine ; qu'en s'exerçant à vaincre les Gaules, il auoit appris à vaincre le monde.

Il eſt temps de voir maintenant par l'exemple des ſiecles paſſez, que la plus grande partie des regions de la Terre peuuent donner des hommes Heroïques plus ou moins excellens ou parfaits, ſuiuant la bonne ou la meilleure diſpoſition du Climat du Ciel ou de la Nature : mais que toûjours les meſmes Regions ne peuuent point en donner, à cauſe des changemens des Reuolutions & de la Fortune ; qui agite les af-

faires du Monde & qui transfere
les Sciences & les Vertus, de l'v-
ne des Prouinces à l'autre. De forte que ce n'eſt point aſſez de naiſtre dans vne Region qui ait les
bonnes qualitez de la Nature,
pour atteindre à la ſublimité de
l'homme Heroïque ; Il faut encore que cette naiſſance ſoit dans
les Siecles fauorables à cette Region du coſté de la Fortune.
Diodore Plutarque Herodote &
Iuſtin, celebrent l'ancienne felicité de l'Egypte; ils s'accordent
en leurs hiſtoires que les Roys
de cette Prouince, ont ordonné
de bonne Loix, ont fait de grandes conqueſtes, ont inuenté de
belles Sciences, & ont enſeigné
à tous les Peuples de nouuelles
commoditez pour la Vie. Oſiris
a paſſé victorieux iuſques dans

les Indes , Vexoris a penetré les
armes à la main dans les confins
de la Scythie , Sefoſtris a porté
ſa gloire dans l'Aſie & dans l'Europe ſur les bords du Danube,
Danaüs & Perſée ont eſté ROYS
du Peloponeſe, Eryctée & Mene-
ſtée ont regné dans l'Attique, &
la fameuſe Athenes a eu ſes fon-
demés de la meſme nation Egyp-
tienne. Mais la bonne fortune
de ce Royaume venant à ceſſer
incontinent apres la mort d'A-
maſis , la meſme Egypte qui a-
uoit produit de ſi grands Perſonnages dans les ſiecles paſſez, n'a
fait que gemir & ſe ruiner ſous
la domination des Eſtrangers
qui l'ont depuis toûjours poſ-
ſedée. Cambiſe l'aſſuiettit aux
ROYS de Perſe , Alexandre le
Grand la ſoûmit aux Macedo-

niens, Augufte la conuertit en
Prouince Romaine, les Arabes
y établirent des Califes, les Mam-
melucs l'aſſuiettirent à leur Prince, & Selim fecond Empereur
des Turcs l'abbatit fous fa tyrannie.

Toute l'Afie comme l'Egypte, iouïſſoit anciennement de la
meſme felicité ; les Vertus les
Sciences les Loix & les Religions, y floriſſoient auec auantage; les Roys & les Prophetes
s'y faiſoient de tous coſtez admirer ; les Aſſiriens les Perſes &
les Arabes, la rempliſſoient toute de gloire. Ninus fut le premier entre les Roys qui en fon-
da la Monarchie, Cyrus le grand
l'étendit iuſqu'à la Grece, &
le Calife Olit la porta dans les
Monts-Pyrenées ; mais la cruau-

té des Tartares, l'ignorance des
Turcs, & la simplicité des nouueaux Perses, en ont arraché la
Gloire les Vertus & les Sciences ; qui passerent ensemble de
l'Egypte & de l'Assirie dans la
Grece, pour donner à cette incomparable Nation tout ce que
l'humaine Puissance peut obtenir de grand & de merueilleux
dans le Monde. Saluste quoy que
Romain dit que les Lacedemoniens & les Atheniens ont fait
à la verité des grandes choses,
Ciceron declare en ses Offices
qu'ils estoient les plus sçauans
hommes de la Terre, & Plutarque en ses Vies confesse qu'autre
que Iule Cesar ne pouuoit estre
comparé au Grand Alexan-
dre. Enfin la Fortune lassée
comme par tout ailleurs de tant

de prosperitez & de gloire, af-
fuiettit la Grece premierement
aux Macedoniens, fecondement
aux Romains, & finalement aux
Princes Ottomans; dont la bru-
talité l'ignorance & l'auarice, la
comblent depuis trois ou quatre cens ans, de toutes les mife-
res poffibles: Les grandes & les
belles Citez n'y font plus que
des bourgades, les Temples &
les anciens Palais que des ruines
ou des mazures, les Nobles &
les Citoyens que des Serfs ou des
Efclaues, les Loix & les Vertus
que de cruelles Rapines, les
Ports & les Haures fameux que
des Rades ou des nids de Cor-
faires, & les armes de cette nation qui du fer à labourer la
terre,

Que peut-on dire de l'Afri-

que dont la reputation n'a duré
qu'autant que la grandeur de
Carthage ? n'est-il pas veritable
selon Diodore Iustin, & plutarque, qu'elle a produit en diuers
temps des princes ou des grands
Capitaines qui ont surmonté la
renommée de tous les autres: Iamais nulle autre nation n'a donné des Generaux d'armée, si
vaillans & si rusez ; Voyez la
conduitte d'Imilcon dans la Sicile, la prudence d'Hamilcar én
polibe, & les ruses d'Hannibal
dans l'Italie: Mais apres la ruine
de Cartage les vertus & la fortune abandonnerent l'Afrique,
& la renoncerent enfin aux barbares qui la tirannisent encore.
L'Espagne que Iustin appelle la
pepiniere des soldats, que Iosephe recommande pour la multitude

tude de ſes gens de guerre, &
que Tite-Liue auſſi bien que Polybe celebrent pour la valeur ou
la fermeté de ſon Infanterie, n'a
eu que raremét le bon-heur ou la
vertu de ſe pouuoir commander
elle-meſme : Les armes des Carthaginois la ſoûmirent long-
temps à leur Republique, la valeur & la prudence de Scipion
l'aſſuiettirent à l'Empire Romain, les Roys des Viſigots
l'occuperent trois Siecles, & les
Arabes ſous la conduitte de Ta-
rif & de Muſſa Lieutenans du
Grand Emir des Muſulmins la
conquirent iuſqu'aux Monts-
Pyrenées dés l'année ſept cens
douze. Elle a ioüy toutesfois
comme les autres, des auantages de la Nature de la Fortune &
de la Vertu, depuis trois ou qua-

E

tre ſiecles ; Elle a poſſedé finalement toutes ſes Prouinces ;
elle a rangé par les armes ſous
la Couronne d'Arragon , les
Royaumes de Naples de Sicile
& de Sardeigne ; ſous la Couronne de Caſtille , le Royaume
de Grenade l'Eſtat de Milan &
les Indes Occidentales ; & ſous
la Couronne de Portugal , les
coſtes de l'Affrique & de l'In-
de. Les Roys Alphonſe & Ferdinand ; le Duc d'Albe & le
grand Capitaine ; Fernand Cor-
tez, François Pizarre, & Vaſco de
Gama, ont porté ſon nom & ſa
gloire par tout le monde.

Ceſar dit en ſes Commentaires que les Gaulois occuperent
anciennement l'Angleterre, Suë-
tone & Tacite rapportent qu'elle vint apres ſous la domination

des Romains , & tous les Historiens du bas Empire nous apprê-
nent que les Allemans l'vfur-
perent fous la conduite de Vo-
tigere ; Les Danois & les Nor-
mans la poffederent en fuitte &
fous les Roys de la maifon des
Comtes d'Angers , la fortune &
la vertu commencerent à la faire éclatter dans le monde. Ri-
chard dans les voyages de la
terre faincte , Edoüard troifiéme dans les guerres de France ,
& Henry huictiéme du temps
de l'Empereur Charles-Quint ,
firent renommer fa puiffance &
la valeur de fa nobleffe. Mais
les trois Couronnes du Nort
voifine de la mer glacée ne font
arriuée à la gloire de fe faire
connoiftre , que par l'incomparable valeur du Roy Guftaue

Adolphe, qui seulement en l'année mil six cens trente commença de faire sçauoir à tout l'vniuers, que la Suede pouuoit enfin porter des Princes parfaits & des Hommes Heroïques. Quant à la Germanie dont Tacite & Cesar parlent auec auantage, & qui possede la gloire du tiltre de l'Empire Romain apres en auoir desolé les Prouinces; non tant par de iustes combats ou des batailles rangées, que par vn débordement ou déluge vniuersel de ses peuples, comme il se voit dans les Histoires de Cassiodore & de Procope. Elle auoit au commencement les vertus militaires & la bonne fortune, elle maintenoit sa liberté contre les Romains plustost par la resistance que par la conqueste,

& la puiffance de cét Empire
venant à diminuer par fon abondance, elle porta fa gloire &
fon nom dans toute l'Europe &
partie de l'Afrique. Les Othons
de l'ancienne maifon de Saxe,
les Friderics de la maifon de
Suabe, les Charles & Ferdinand
de la maifon d'Auftriche, les
plus renommez de fes Empereurs; l'ont ornée de bonnes loix
de belles fciences & de grande
villes: en telle forte que l'Allemagne fe peut vanter depuis
cinq ou fix cens ans, des auantages de la nature de la vertu
des loix & de la fortune, qui ne
fe trouuent enfemble que rarement dans vne mefme Prouince.

L'Italie a fans doute les a-
uantages de la nature du climat

& de la fituation , par le con-
fentement de tous les Auteurs
Polybe Strabon Pline Ptolomée
Leandre Mercator & autres. Elle a toutefois receu dés le commencement les fciences les arts
& les bonnes loix , des eftrangers notámment des Grecs &
des Lydiens , comme de Ianus
de Saturne d'Euandre & de Tyr-
renus qui l'ont anciennement
illuftrée ; mais fa gloire & fa
plus grande reputation , n'a procedé que d'elle mefme. La valeur des Latins des Samnites &
des Tofcans , à combattu durant
quatre fiecles contre les Romains ; & ces derniers par vne
guerre continuelle de cinq cens
ans , l'ont à peine foûmife à
leurs armes. Apres la conquefte
de toute l'Italie , Rome fe ren-

dit en l'efpace de deux cens ans
maiftreffe de tout le monde; &
les Romains furmonterent en
vertu en fciences & en bonnes
loix , le refte des nations de la
Terre. Mais lors que fon Empire
& fa fortune pafferent à Byzan-
ce par vn fecret raifonnement
de Conftantin , elle fe vit auffi-
toft plongée dans les calamitez
qui defolerent toutes ces Prouinces ; & n'a pû retenir autre marque de fa grandeur , que la fou-
ueraine dignité du Pontife des
Catholiques. Toutesfois apres
que l'Empire d'Occident fut en
quelque façon renfermé dans les
bornes de la Germanie , il vint
comme à renaiftre dans l'Italie
tant de valeur de prudence & de
vertu ; foit dans les armes ou
dans les fciences , qu'elle en re-

prit vne gloire toute nouuelle :
Mais n'ayant point encore trouué de puiſſance capable de l'aſ-
ſuiettir entierement , à cauſe du
grand cœur & du grand eſprit
de ſa nobleſſe comme de ſes
peuples ; elle demeure dans la
diuiſion & touſiours ſuiette aux
inondations eſtrangeres.

Il faut enfin reuenir à la France pour faire voir à noſtre incomparable Monarque , les a-
uantages qu'il peut encore auoir
de ſa Patrie la plus noble & la
plus triomphante de toute l'Europe. Polybe eſt l'Autheur le
plus ancien qui parle de la valeur des Gaulois , & dit en ſes
hiſtoires , qu'ils paſſerent les Alpes & occuperent dans l'Italie
les Prouinces que nous appellons
maintenant, Piedmont Lombar-

die Romagne & Marque de
Treuise. Tite-Liue confirme la
gloire de cette inuafion , dans
la premiere Decade ; Il adioufte
qu'ils faccagerent la ville de Rome , qu'ils peuplerent vne partie de la Germanie , & qu'ils fe
planterent enfin dans la Grece
& dans l'Afie. Cefar affeure en
fes Commentaires qu'ils pafferent les premiers en Angleterre;
Iuftin Florus Plutarque & Diodore , fe plaifent à raconter les
geftes merueilleux de cette nation ; & Iofephe dans fon hiftoire fait mention de la grande
Richeffe des Gaules , pour nous
mótrer ô Prince le plus digne des
Roys, que la France eftoit anciennement comme elle eft encore à
prefent le plus riche de tous les
Royaumes. Les Gaulois du temps

des Romains estoient diuisez &
leur deffaite moins difficile, toutesfois le prix de Cesar qui vainquit les Gaules fût la dignité de
l'Empire du monde. Après que
la valeur & la fortune des Gaulois comme des autres nations
furent ainsi transferées dans le
Capitole , les Gaules demeure-
rent long-temps sans renommée & tousiours suiette à des
Empereurs ; iusqu'au temps que
les François venant à se ioindre
& se confondre auec ces Gaulois, ne firent plus qu'vne Monarchie. Ce fût alors que la France reprit son ancienne vertu & sa
premiere gloire : Clouis le Grand
la rendit celebre par sa valeur
dans les Alpes & les Pyrenées ;
Charlemagne porta ses armes &
ses conquestes dans l'Espagne

l'Italie & l'Alemagne ; Henry le
Grand de glorieuse memoire
Ayeul de voftre Maiefté, en a
reftably la grandeur par fes victoires ; Et vous grand Roy
Louys Auguste vous auez adiou-
fté la Lorraine & l'Alface à la
France, vous auez borné voftre
Royaume par le Rhyn qui bor-
noit anciennement les Gaules ;
& par les auantages que vous
auez de cette mefme Patrie qui
a donné tant de Roys & de
grands Empereurs, vous deuez
efperer de furmonter la gloire
de Clouis, l'Empire de Charlemagne & la renommée d'Henry Quatriéme.

---

*L'homme Heroïque doit auoir en sa
perfonne, les auantages de l'éducation & de la nourriture.*

CHAPITRE IV.

APres auoir affez heureufement expedié les auan-
tages que le Prince Parfait ou
Heroïque doit efperer de fes parens, & de fa patrie, il eft encore raifonnable d'adioufter vne
troifiéme confideration à ces
deux premieres ; afin que la Sentence du Poëte Homere qui eft
dans les chapitres precedens
foit finalement accomplie : Et
qui pourroit douter de la noble
éducation d'Aiax Prince de Salamine, eftant né comme il

eftoit dans vne Maifon fi mar-
tiale & fi glorieufe par la valeur
& la qualité de fes anceftres;puif-
que le mefme Autheur a mis ces
paroles en la bouche d'Hector,
parlant apres le combat à ce valeureux Prince. I'ay appris dés
ma ieuneffe à lancer le Iauelot,
à frapper de l'efpée, & à porter
le Bouclier tantoft fur vn bras
tantoft fur l'autre. Vegece dit
que la nature fait peu d'hommes
vaillans, mais que la difcipline
ou le continuel exercice les rendent tels comme il fe voit par
experience. Ariftote declare en
fes Morales que la bonne éducation doit eftre pendant la ieuneffe, & que les habitudes de la
vertu ne fe prennent facilement
que depuis la douziéme iufqu'à
la vingtiéme année. C'eft le fen-

timent du Grand Orateur Ciceron qui a composé ſes Offices
pour l'éducation de ſon fils, &
Xenophon s'accorde à la meſme Sentence quand il nous apprend les moyens que tenoit
Cambyſe pour éleuer ſon fils
dans la vertu, le grand Cyrus qui
fuſt apres Roy de Perſe. Plutarque & de Montagne ont fait
des traittez pour l'éducation des
Princes ou des ieunes enfans,
qui meritent d'eſtre leus de tout
le Monde ; & nous voyons dans
le Poëte Homere les ſoins & la
bonté paternelle que le Roy Pelée auoit, pour la nourriture de
ſon ieune fils le vaillant Achille, qu'il donne en gouuernement à Phœnix le plus ſage de
tous les Seigneurs de la Theſſa-
lie.

La saincte Escriture nous apprend que Dieu a formé l'homme à son image & semblance, afin qu'il preside sur les animaux de la terre, & non point sur les hommes dit sainct Ambroise s'il n'estoit le meilleur ou le plus vertueux; parce que l'excellence des Indiuidus donne la prerogatiue dans les especes : d'où vient que le Grand Philosophe Aristote se plaint en ses Politiques de voir que si peu de loix dans le Monde, regardent la nourriture des enfans ou l'éducation des ieunes personnes qui doiuent vn iour commander aux autres; disant au mesme endroit que la seule & fameuse ville de Sparte a eu cét auantage de son Legislateur, d'établir des ordonnances publiques pour la ieu-

neſſe. Que ſi le diuin Platon
comme le meſme Ariſtote ont
donné des loix en leurs Republiques pour l'éducation des enfans , ce n'a eſté qu'en forme
d'exemple & pour ſeruir vn iour
de modele à ceux qui voudroient
ou pluſtoſt qui pourroient les
mettre en vſage : & toutesfois
on peut dire que ces deffauts ſe
treuuent en quelque façon repa-
rez , ou par la beneficence des
Princes ou par le ſoin des hommes d'honneur qui gouuernent
les affaires publiques ; à cauſe de
l'eſtabliſſement de tant de Colleges , de tant d'Academies , &
de tant de Philoſophes entrete-
nus , qui ſe voyent encore en
nos iours dans les villes ; comme autresfois en Athenes à Rhodes & à Corynthe , ou la Nobleſſe

bleffe Romaine enuoyoit ordinairement fes enfans , comme il fe voit dans Ciceron & dans le Poëte Horace. Mais quelle eft la difference des anciennes Academies d'auec les nouuelles? les premieres enfeignoient la pratique des vertus & les noftres en monftrent feulement la Theorie : Ariftote en fa Morale & Seneque en fes Epiftres , ont raifon de fe mocquer de ces dernieres ; & Socrate le plus fage homme de la Grece rendoit plus de Citoyens meilleurs pour le Gouuernement de la ville d'Athenes par fes adroites indudtions , que les autres Philofophes n'en faifoient de fçauans par les définitions & les argumens de Logique ; ainfi qu'il fe remarque en Xenophon dans

ses memoires & en Plutarque
dans la vie d'Alcibiade.

Il faut donc que les Princes
ou les ieunes personnes qui as-
pirent à la sublimité de l'homme Heroïque , ayent encore la
fortune de treuuer la bonne éducation comme Epaminondas &
Philippe de Macedoine ; qui furent ensemble éleuez dans la
ville de Thebes à toutes les vertus Morales Politiques & militaires, par les enseignemens d'vn
grand Philosophe qui est nommé dans les histoires de Diodore & de Quinte-Curce : comme
Alexandre le Grand fils du mesme Roy Philippe qui outre la
noble discipline de son Pere,
eut encore la fortune de treuuer
en sa Cour le grand Philosophe
Aristote disciple de Platon & de

Socrate ; qui par son Esprit excellent & son admirable Doctrine , rendit ce ieune Prince son
écolier le plus accomply de tous
les Monarques : comme Alcibiade & Xenophon qui furent tous
deux si vaillans si genereux &
si grands Capitaines , par l'ayde
en partie de Socrate le Philosophe qui estoit continuellement
auec eux dans les armées ou dans
les Escoles d'Athenes : comme
le grand Scipion qui brûla Carthage qui auoit tousiours en sa
compagnie ou dans sa maison
le grand & fameux historien
Polybe , si excellent en la guerre & dans la Politique : comme
les deux Gracches si merueilleux
& de si grand merite en leur ieunesse que Plutarque asseure en
leur Vie , que cét aduantage

leur eſtoit en partie arriué de la
bonne éducation de leur mere
Cornelie , fille du grand Scipion l'Africain qui eſtoit en ſon
temps la plus honneſte & la plus
vertueuſe Dame de Rome : comme le grand Pompée qui eût la
fortune de ſe treuuer dans le ſie-
cle & dans l'amitié de Ciceron ,
qui eſtoit le plus ſçauant le plus
iuſte & le plus honneſte de tous
les Romains : comme Iules Ceſar le miracle des Hommes Heroïques ſuiuant le témoignage
de Pline & de Plutarque en ſa
Vie , qui dit auoir receu de la
bonne éducation de ſa mere les
principes ou les fondemens de
ſa vertu & de ſa gloire ; Suëtone
ajoûte encore en ſon hiſtoire ,
qu'il euſt du grand Orateur Apol-
lonius dans les Eſcoles de Rho-

des les auantages de son éloquence incomparable : comme
Neron le meilleur & le plus digne des Romains durant les cinq
premieres années de son Empire , qui eût Seneque le philosophe pour dresser sa ieunesse dans
la vertu & dans les sciences à la
sollicitation de sa mere Agrip-
pine : comme Alexandre Seuere
le plus vaillant & le plus mode-
ré Prince de son temps tout remply de vices & de cruauté , qui
eut le bon-heur de sa noble éducation de sa mere l'Imperatrice
Mammée la plus Heroïque de
toutes les Dames : comme l'Empereur Charlemagne Roy des
François qui par les doctes enseignemens du Philosophe Alcuin , fut si heureusement éleué
dans les vertus dans la gloire &

dans les sciences : comme Robert Roy de France que Platine exalte auec tant de loüanges dans son histoire des Pontifes, qui eut la fortune de treuuer pendant sa ieunesse le sçauant Archeuesque de Reims, qui fût apres sous le nom de Siluestre Second Pape de Rome : comme Sainct Louys le plus vaillant le plus iuste & le plus deuot de tous les Roys, qui eut les aduantages de sa noble éducation de la Reyne sa mere Blanche de Castille : comme l'Empereur Charles Cinquiéme de si grande reputation à cause de ses vertus magnanimes, qui eut pour Gouuerneur de sa ieunesse le Seigneur de Cheures orné de tant de bonnes qualitez, que les histoires de son temps en font tou-

tes remplies : comme Henry le
Grand si fameux dans le monde & dans les Histoires, qui tenoit de la nourriture que la Reyne de Nauarre sa mere luy auoit
donnée, les principes ou les fondemens de sa gloire & de sa renommée : Comme le Roy Louïs
Auguste le plus vaillant le plus
genereux & le plus sage de tous
les Monarques , qui a ce bon-
heur parmy tant d'autres auantages d'auoir éleué sa ieunesse
dans les bras de la Reyne sa mere Anne d'Austriche & d'Espagne : & comme Philippes de
France frere vnique de sa Maie-
sté , qui doit aux bontez de la
mesme Princesse la plus saincte
& la plus Heroïque des Reynes;
la gloire en partie de tant de
vertus & de bonnes qualitez ,

qui le rendent partout si recommandable.

Mais il ne faut pas s'arrester
seulement à cette consideration
de la nourriture particuliere de
tant de grands Personages, il
faut encore auoir égard aux bonnes loix & aux bonnes coustumes des Citez ou des nations
qui les nourrissent ou les éle-
uent ; tesmoin Saluste en son
Histoire de la coniuration de
Catilina , où il dit qu'il estoit
necessaire de monstrer le changement des anciennes mœurs de
tous les Romains , auant que de
faire voir les débauches de ce
ieune Seigneur qui vouloit si mi-
serablement ruiner sa patrie, qui
est le vray sentiment des philosophes & des politiques; dautant
que la vertu vient des bonnes

loix, & les honneftes façons des
bonnes couftumes. Tite-Liue au
commencement de fon Hiftoire
magnifique des Romains oze
proferer ces dignes paroles, ie vay
décrire l'Empire des loix le regne
de la vertu & autres femblables.
Diodore raconte qu'il y auoit anciennement des loix & des coûtu-
mes dans l'Egypte, meilleures que
toutes celles des autres nations
pour rendre les hommes plus excellens & plus parfaits ; en toutes les vertus Morales Politiques
& Militaires. Herodote rapporte que Cyrus voulant ruiner la
ville de Sardis qui s'eftoit reuol-
tée, Crefus luy confeilla pour la
fauuer, de plonger infenfiblement les Lydiens qui l'habitoient
dans les vices & les débauches,
en leur oftant les armes & les

disciplines honnestes ; & Darius pour se venger de la rebel-
lion des Babyloniens vouloit pareillement en détruire la ville,
mais Zopyre qui la protegeoit
apres l'auoir surmontée la fit
traitter comme l'autre. Enfin les
Loix & les coustumes de la ville de Sparte estoient si seueres &
si rigoureuses aux Lacedemoniens, qu'vn ancien Philosophe
auoit accoustumé de leur repro-
cher, que s'ils alloient si coura-
geusement à la mort ce n'estoit
que pour sortir d'vne si misera-
ble vie, estrange & nouuelle façon de conuertir en blâme les
plus dignes loüanges.

Or comme il est certain & de
mon sentiment que la gloire des
armes, l'amour de la patrie, le
respect de la Religion, & la

crainte des loix font les quatre
Elemens de la bonne & parfaite
éducation : il eſt apparemment
neceſſaire que l'Homme Heroïque ayt encore le bon-heur auec
ſes autres auantages , de naiſtre dans vne ville ou dans vne
Prouince qui donne ordinairement ces qualitez : comme la
Iudée en l'exemple du Roy Dauid , qui auoit la gloire des armes par le témoignage de tant
de combats ſinguliers & de batailles gagnées ; qui auoit l'a-
mour de la patrie ou du Roy
dans la Monarchie , comme il
le fit connoiſtre en s'abſtenant
d'offenſer ou de toucher à la perſonne du Roy Saül dans la cauerne d'Engady , & vne autre
fois en ſa Tente ; qui auoit le
reſpect de la Religion par les

grands honneurs qu'il rendoit
en public & en particulier,   à
l'arche du Seigneur ou d'alliance ; & qui auoit la crainte des
Loix comme il le fit paroiſtre
dans les excuſes qu'il fit aux ſa-
crificateurs, prenant de ſon authorité l'eſpée de Goliat & les
pains de propoſition, le meſme
eſtant de la Grece en la perſonne d'Alexandre : car ce Prince
auoit la gloire des armes, en ce
qu'il refuſa de combattre de
nuict les Perſes au détroit d'Iſſe,
diſant qu'il ne vouloit point de
victoire dérobée ; en ce qu'il dit
aux Atheniens paſſant auec tant
de peine & de trauail de ſa perſonne l'Hydaſpe, voyez la peine que ie prens pour eſtre eſtimé
de vous ; & à ce diſcours qu'il
tint à ſes Capitaines, laiſſons

aux Perſes que nous auons vaincus les voluptez & les delices &
prenons pour nous les dangers
& la gloire : il auoit auſſi l'A-
mour de la patrie en ce qu'il employa toutes ſes forces pour éloigner de la Grece & de la Macedoine, les Perſes les dangers
& la guerre ; en ce qu'il vengea
noblement les calamitez de la
floriſſante ville d'Athenes, &
en ce qu'il remplit ſa patrie de
tant d'honneur de gloire & de
richeſſe : il auoit encore le ré-
pect de la Religion par les teſ-
moignages qu'il rendoit continuellement de ſa pieté enuers
les Dieux ; par la magnifique
dépenſe qu'il faiſoit dans les
Sacrifices ſuiuant le rapport meſme d'Ariſtote ; & par le reſpect
ou les ſoûmiſſions qu'il rendit

volontairement au grand facri-
ficateur Iadus, à fon entrée de
Ierufalem felon Iofephe en fon
hiftoire : Et il auoit enfin la
crainte des loix, en ce qu'il ne
voulut point toucher à celles des
Grecs qu'il auoit foûmis à fa
puiffance ; & en ce qu'il fit abolir dans la Perfe fuiuant le témoignage de Plutarque en fes
Opufcules, celles qui permet-
toient à l'enfant d'époufer fa
mere & au pere de fe marier à
fa fille, comme Artaxerces auec
Atoce.

L'Italie du temps des Anciens
Romains n'a point cedé à ces
auantages, de la Grece & de
la Iudée : Salufte en rapporte
ces magnifiques paroles, nos
anceftres ornoient les temples
de deuotion & leurs maifons de

Gloire. Tite-Liue Dionifius &
Polybe ont groffi des volumes
de leurs qualitez admirables, de
mefme que Plutarque & fainct
Auguftin entre les autres : fi
vous confiderez la gloire des armes en cette genereufe nation ,
voyez les recompenfes de tant
de dangers de morts & de blef-
fures , ce n'eftoit que des couronnes de feüilles accompagnées
de publiques loüanges : fi c'eft
l'amour de la patrie voyez Brutus
& Manlius qui font mourir leurs
propres enfans, Mutius qui brû-
le fa main droite fans s'étonner ,
Curtius qui fe precipite à cheual
tout armé dans vn abyfme , les
Decies qui fe confacrét tous deux
à la mort, & Regulus qui fe iette volontairement dans les plus
crueles douleurs d'vn mortel fup-

plice : Si c'est le respect de la
Religion voyez le nombre & la
magnificence des temples de la
ville de Rome, écoutez ce que
dit Æmilius en Plutarque ; que
c'estoit vn crime pernicieux de
passer legerement ou de negli-
ger, la moindre des plus petites
circonstances, dans les ceremonies des sacrifices ; & remarquez
dans la premiere Decade de Tite-
Liue ces dignes paroles d'Appius
Claudius qui parloit contre le se-
diticux raisonnement d'vn Tribun du peuple, qui méprisoit les
Auspices des sacrez Poulets comme choses legeres & petites. Ces
choses à la verité sont petites
mais en ne méprisant point ces
choses petites, nos ancestres ont
formé ce grand & merueilleux
Empire : si c'est la crainte des
loix

Loix voyez encore dans Tite-Liue le respect & la reuerence de
tout le Senat & de tout le peuple Romain, enuers l'authorité
d'vn seul homme le Dictateur Pa-
pyrius; & la constance du mesme
peuple vainqueur de l'vniuers,
côtre les seditieux emportemens
de ses Tribuns quoy que ce fût' à
son auantage. A quoy ie puis a-
joûter auec Ciceron & tant dau-
tres, que les Romains ont vaincu le monde autant par la reuerence des Loix que par la discipline des armes.

Mais que peut-on dire à present en faueur de la France pour
treuuer dans ses Roys ou dans
sa noblesse, les marques de cette glorieuse éducation comme
nous auons fait dans la Grece &
dans l'Italie : faudra-t'il repas-

G

fer. encore vne fois fur les qualitez éminentes de Clouis premier?
de Charlemagne de faïnct Louïs
& d'Henry Quatriéme ? ou s'il
ne fera pas meilleur de venir tout
d'vn trait aux vertus Heroïques
du Roy Louïs Augufte? qui a la
gloire des armes par les témoi-
gnages des belles actions de fa
ieuneffe, pendant le cours de
nos dernieres guerres ; qui a l'a-
mour de la Patrie en ce qu'il a
voulu donner liberalement la
paix & le repos à fes fuiets, au
preiudice de fes Conqueftes; qui
a le refpect de la Religion par
l'exemple de fa pieté ou de fa
deuotion enuers Dieu, comme
de fa reuerence enuers les dignitez de l'Eglife ; & qui a la crainte ou pluftoft la protection des
loix par la déference qu'il rend

volontairement, à toutes les for-
malitez de la Iuſtice. De cette Iuſtice qui eſt la Reyne de toutes les
vertus ſelon Ariſtote, qui eſt la regle & la meſure de toutes nos
actions ſuiuant le philoſophe Socrate, & qui eſt enfin la raiſon dás
tous les ouurages de la nature ſelon le dire de Seneque. Vous
eſtes donc admirable en ce point
grand Roy Louïs Auguſte? vous
gardez naturellement en toutes
vos actions cette iuſte & loüable meſure, qui vous conduit
heureuſement & auec honneur
dans la gloire des armes, dans
l'amour de la Patrie, dans le reſpect de la Religion, & dans la
protection des Loix de voſtre
ample Royaume: que voſtre Maieſté doit garantir par ſa prudence infatigable, du meſme de-

fordre qui fe gliffa parmy les Romains à caufe des abondantes richeffes des hommes priuez de l'Empire ou de la ville ; Salufte le declare en ces paroles tres-dignes à la verité de vous eftre icy rapportées , dés lors que par le moyen des richeffes on pût dans Rome acquerir les honneurs & les dignitez , la vertu commença d'eftre negligée la pauureté mocquée & l'innocence mal-vouluë.

L'homme Heroïque doit eftre courageux.

CHAPITRE V.

LE courage ou la force dans les termes communs de la

Philofophie, eft le fondement
de toutes les vertus & le cómen-
cement de l'homme Heroïque.
Ariftote dit que le courageux eft
entre le timide & le temeraire,
en telle forte toutesfois qu'il eft
plus proche du temeraire que du
timide : Le temeraire ne connoift & ne craint point les dangers, le timide les connoift &
les apprehende, mais le courageux connoift les dangers comme le timide & ne les craint
point comme le temeraire. Dauantage le temeraire fe porte
dans les dangers fouuent fans
raifon inutilement & fans mefure, le timide toufiours les fuit
& s'en éloigne mefme contre
fon deuoir, mais le courageux
fe iette & fe maintient dans les
perils autant & fi long-temps

que la raifon le feruice & l'vtilité le demandent. Ajax fils de
Telamon tint ferme tout feul
la Pique à la main fur les Nauires des Grecs , pour en deffendre l'entrée au valeureux Hector fans iamais reculer vn pas
en arriere: Leonidas & les trois céns
Lacedemoniens qui auoient en
garde le paffage des Thermopiles pour le falut de la Grece,
combattirent durât quatre iours
contre vn million de foldats &
moururent tous glorieufement
fur la place : Horatius deffendit
tout feul les armes à la main
l'entrée du Pont à l'armée de
Porfenna Roy d'Hetrurie, & ne
fe ietta dans le Tybre tout per-
cé de coups pour le repaffer à la
nage , qu'apres que le mefme
pont de bois fuft rompu derrie-

re luy & la ville de Rome affeu-
rée : & Sceua leplus vaillant Capitaine de l'Infanterie de Iule
Cefar, empefcha long-temps luy
tout feul que les trouppes dé
Pompée ne penetraffent dans les
trenchées de fon camp de l'Epyre, qui ne pût iamais eftre forcé
qu'apres la mort d'vn fi grand
courage. Ce fut ainfi que Leonidas quoy que mort auec les trois
cents Lacedemoniens, triompha
du grand Roy de Perfe; Et Diodore appelle cette action dans
fes hiftoires, la plus glorieufe
deffaite qui ait iamais efté dans
le monde. Et ce fut ainfi que la
valeur extreme de Sceua rendit
fa renommée fi éclattante dans
l'vniuers, que le Poëte Lucain
apres vne infinité d'Eloges raconte que fa felicité ne pût arri-

uer à ce poinct, d'auoir les yeux
de Cesar qui ne suruint qu'apres
sa mort pour témoins de sa gloire immortelle.

Le courage suiuant Aristote
en sa Morale, est vne vertu qui
s'occupe dans les difficultez & les
dangers & qui s'exerce dans les
choses terribles & formidables :
il asseure dans le quatriéme liure, que le courageux s'expose à
la mort comme s'il n'estoit pas
digne de viure ; Le Cardinal de
Richelieu dit en receuant la nouuelle de la prise du Cattelet par
assaut, où i'auois paru des premiers à monter sur la bréche , ne
diroit-on pas que le Comte de
Pagan ne cherche qu'à se faire
tuer tant il s'expose volontairement aux dangers qui se presen-
tent : De Serres en son Histoire

de France rapporte que le Seigneur de Pondormy eſtoit de ſi grand courage , qu'il ne treuuoit iamais rien de perilleux ou de difficile : Phaëton répond à ſon pere le Soleil dans le Poëte Ouide, par les choſes dont vous penſez m'épouuanter vous me donnez plus de courage : Et Seneque le Philoſophe dans ſon traitté de la prouidence déploye les beautez de ſon eſprit excellent, ſur le poiſon de Socrate le poignard de Caton & la Croix de Regule , pour faire voir combien la vertu eſt âpre & difficile dans les grands courages. Hector le redoutable fils de Priam dit à ſes ſoldats allant à la bataille , pour les rendre plus courageux & plus aſſeurez , par les diuers ou variables éuenemens

de la guerre, qui tantoſt fauori-
ſent les vns tantoſt les autres.

Le danger eſt commun dans l'effroy du
   combat

Le vainqueur à ſon tour voit ſouuent
   qui l'abat

Le triomphe & la mort ſont de Mars
   le commerce.

Vultejus Colonnel de mille
hommes de pied Opitergins, ne
pouuant éuiter par ſa valeur la
honte de tomber vif entre les
mains des ennemis de Ceſar,
comme il ſe voit dans les Commentaires ; ſe fit tuër confuſé-
ment auec ſes ſoldats iuſqu'au
dernier dans vn meſme nauire,
obligeant le Poëte Lucain à dire
d'eux, qu'en cette action ils auoiét
commis dans l'alliance d'vn meſme party tous les crimes d'vne
guerre ciuile.   Florus rapporte

auec étonnement la courageufe
refolution des quatre mille Efpagnols de Numance, qui fe
prefenterent armez pour mourir
glorieufement dans le combat
contre vingt-mille Romains ;
pluftoft que fe reduire à la neceffité de fe brûler auec leurs
femmes & leurs enfans, comme
ils firent dans les mefmes flam-
mes dont ils confumerent la ville. Et Iofephe raconte en fon hiftoire auec vn reffentiment digne de fa pieté, la force & la
conftance des Iuifs affiegez dans
Hierufalem ; qui fe mocquoient
ouuertement de la compaffion
& de la tendreffe que les Romains auoient de leurs calamitez, lors que Titus le digne fils
de l'Empereur Vefpafian les
vouloit obliger par fes douces

paroles à fe rendre, pour fauuer le refte de tant de maffacre de pefte & de famine.

Quant à l'effence ou à lacondition des vertus Ariftote dit qu'elles font des habitudes; Socrate qu'elles font des Sciences, & Seneque qu'elles font des qualitez : Le premier c'eft à dire Ariftote & tous ceux qui le fuiuent, affeurent que les vertus confiftent dans les actions, que les actions ne font point de l'efprit, & partant que les Vertus ne font pas des Sciences; ils enfeignent de plus que les animaux n'ont point de vertu & qu'à cette caufe les vertus ne font point des qualitez, parce qu'elles ne font point de la nature; il faut donc pourfuiuent-ils que les vertus foient des habitudes, puis qu'elles se forment de l'exercice : Le second c'est à dire Socrate & ceux qui l'appreuuent, consentent que les vertus sont des operations de l'homme reglées & conduites par la raison, que la raison est immediatement de l'esprit , & par consequent que toutes les vertus sont des sciences : Mais le troisiéme ou le dernier c'est à dire Seneque & tous les Stoïques , declarent que nous appellons les Elephans Philosophes les Lyons magnanimes & les cheuaux genereux, & partant que les vertus sont des qualitez puis qu'elles sont de la nature ; à quoy l'on peut adiouster l'authorité de l'Escriture saincte qui nous renuoye souuent à la prudence des serpens , & aux paroles de sainct Am-

broife qui nous allegue ordinairement pour exemple la republique des Gruës & des Abeilles.
C'eft ainfi que raifonnent ces
grands perfonnages , c'eft ainfi
qu'ils recherchent la nature &
les définitions de la vertu , &
c'eft ainfi mais beaucoup plus amplement qu'ils parlent dans les Ef-
coles ou dans les Liures : Toutesfois Ariftote dans le premier de la
Morale , Socrate dans les memoires de Xenophon , & Seneque en fes Epiftres comme dans
fes Queftiós Naturelles , fe moc-
quent de cette façon d'enfeigner
les vertus ; & veulent tous trois
en monftrer , la pratique pluftoft que la Theorie , l'vfage pluftoft que les definitions , & en
donner les habitudes pluftoft que
la Doctrine.

Il faut donc que l'homme Heroïque soit courageux aussi bien que le Prince Parfait , il faut qu'il n'ait iamais de crainte ny dans les dangers des armées ny dans les tumultes des sedi-tions ny dans les accés des ma-ladies : En toutes affaires disoit Cambyse à Cyrus son fils , soyez tel que vous voudrez paroistre; Xenophon adiouste à ce precep-te voulez-vous paroistre coura-geux soyez courageux , voulez-vous paroistre deuot soyez de-uot , & voulez-vous paroistre iuste soyez iuste ; ne vous fon-dez iamais sur les apparences de la vertu , qui ne sera que feinte ou simulée. Idomenée parloit en ces termes à Meriones , de l'hom-me timide & craintif dans les combats ; il change souuent de

couleur & de voix , il change à
tout moment de place , les dents
luy craquettent en la bouche ,
ses paroles sont entrecouppez ,
& sa démarche est inégale. Le
Magnanime dit Aristote au quatriéme de la Morale marche toûjours d'vn pas égal , & qui a-
t'il dans le monde ou dans la nature qui puisse l'obliger à presser
sa démarche ? sera-ce pour éuiter vn present danger ? il ne
craint rien , sera-ce pour courre
aprés les ennemis ? il ne frappe
iamais par derriere , sera-ce pour
voir quelque nouueauté suruc-
nuë ? rien n'est digne de son admiration ny de sa veuë.   Iean
Villany en son Histoire de Florence à dit que Charles premier
Roy de Naples & de Sicile , parloit peu rioit peu , & n'aymoit
                              point

point les Bouffons ; c'eſtoit le
plus grand Prince qui fût alors
dans l'Europe , il eſtoit frere du
Roy ſainct Louïs, ſa mere eſtoit
Blanche de Caſtille , & i'admi-
re ſouuent auec plaiſir en voſtre Majeſté ces trois marques
indubitables d'vn eſprit grand
& ſolide. Les paroles ſuperfluës
ſont ordinairement inutiles &
ſouuent importunes , Muſtapha
qui fut aſſis dans le Thrône en
la place d'Oſman ſon neueu
Empereur des Turcs , en fut auſſi-toſt déposé par les meſmes
Ianniſſaires , ſur la reputation
qu'il auoit de trop parler à table ; à cauſe que la couſtume de
tout l'Orient a touſiours eſté
d'eſtimer le ſilence , comme il
paroiſt encore en nos iours dans
les Relations du Diuan de Con-

H

ftantinople qui eft le fupréme
Confeil de l'Empire.

Ariftote & Platon apres Homere remarquent la diuerfité
des Hommes courageux qui font
dans le Monde , voyez comment ce digne Poëte en parle
les vns combattoient pour la
folde les autres pour la gloire ,
les vns combattoient pour la
Patrie les autres pour la crainte
d'eftre punis , comme il le faict
connoiftre par l'exemple du
genereux fils de Priam qui va
pour attaquer les Nauires des
Grecs , & qui parle à fes foldats pour leur donner plus de
refolution & de courage ; leur
difant qu'il mettroit à mort le
premier qui s'éloigneroit des
Nauires pour quelque fujet que
ce fuft , qu'il ne permetroit

point à fes parens ny à fes freres
de l'enfeuelir, & qu'il leur com-
manderoit au contraire de l'ex-
pofer ou l'abandonner pour eftre
la pâture des chiens loin des
murailles de la ville.

Plutarque nous enfeigne en
fes Vies vne autre efpece de courageux, que Platon appelle har-
dis de peur & les Latins timides audacieux ; parce que n'ayans
pas le véritable courage & fe
voyans preffez de la crainte d'vn
extréme danger, fe font violence à eux mefmes & aux ennemis qui les affaillent, pour
treuuer comme dit Tacite en fes
Annales l'efperance dans la vertu & le falut dans la victoire.
Tite-Liue en fournit encore vn
notable exemple dans la premiere Decade : Vn puiffant ba-

taillon de Sidicins se treuua tout
entier apres la deffaite de l'armée, le Preteur qui le comman-
doit leur dit pour les animer entr'autres paroles ; Que la neceffité vouloit qu'ils demeuraffent
victorieux en forçant les Romains de s'ouurir, pour leur faire paffage. Les autres font courageux par la force des Loix ou
par la rigueur de la difcipline ,
comme les Romains & les Grecs
qui dans leur deffaite fe trou-
uoient fouuent étendus & morts,
fur la mefme place où ils auoient
efté rangez pour combattre, comme il fe voit dans Florus & dans
Plutarque, en la bataille que Pyrrus gaigna contre les Romains
aupres de Tarente , & dans Herodote & Diodore en la défaite
des Lacedemoniés aux Thermo-

piles. Mais le courageux heroïque doit auoir cette qualité de
la nature & de la naiſſance, comme le Cid du Poëte Corneille
qui dit parlant de ſoy - meſme. Les Hommes valeureux le
font du premier coup , & ailleurs. Car aux ames bien nées,
la valeur n'attend pas le nombre
des années , & plus bas.

Mes pareils à deux fois ne ſe font pas
    connoiſtre,
Et pour des coups d'eſſay veulent des coups
    de Maiſtre.

Ariſtote adiouſte encor vn autre raiſonnement en ſa Morale,
ſur la vertu du courage ; il dit
dans le troiſiéme qu'il y a des
hommes courageux par la crainte de la honte & du reproche : il
cite en cét endroit les vers que le

Poëte Homere fait dire à Hector, qui fuſt le ſeul de tous les
Troyens a ne vouloir point entrer dans la ville à cauſe du reproche qu'il en apprehendoit.

Polydamas ſeroit le premier à blamer,
La honte que i'aurois de vouloir m'en-
*   fermer.*

    Car ce Polydamas auoit opi-
né dans le Conſeil du iour precedent, de retirer l'armée des
Troyens dans les murailles de la
ville. Le meſme Poëte parlant
des neuf Princes qui ietterent au
fort à qui toucheroit d'aller au
combat ſeul à ſeul contre Hector,
dit pour la raiſó d'Vliſſe que ç'a-
uoit eſté pour eſtre ſans reproche:
& Philocles General de l'armée
des Atheniens qui demeura pri-

sonnier en la bataille d'Egapota-
me, allant au supplice de la mort
auec vn visage plein d'asseuran-
ce, respondit à vn Lacedemo-
nien qui s'étonnoit de le voir
sans peur ; qu'il auoit appris en
l'eschole d'Athenes, à ne craindre
dre que la honte d'vne mauuaise action, paroles à la verité dignes d'vn Athenien & de l'histoire de Thucydide. Mais comme c'est vne marque indubitable
de lâcheté, de ne point se
mettre en peine de tels reproches ; il ne faut pas s'étonner du
compliment que fit Helene à
Hector pour Paris son mary.
Qu'à la verité il n'auoit aucun
sentiment des reproches qu'on
luy faisoit de sa coüardise, qu'elle
auoit à diuerses fois essayé de luy
redonner le courage par des sem-

H iiij

blables iniures, & que c'eſtoit toufiours en vain parce qu'il n'auoit aucun reſſentiment de toutes ſes paroles.

Or non ſeulement les hommes veritablement courageux mais encore les animaux qui ont de la generoſité dans leur eſpece, ſe reſſentent de la honte & de la perte de l'honneur comme il ſe voit dans l'hiſtoire naturelle de Pline; qui raconte que le Roy des Elephans d'Antiochus Epiphane ſe laiſſa mourir de triſteſſe, pour auoir perdu ſa dignité à cauſe qu'il auoit refuſé de ſe ietter le premier dans l'Euphrate, pour en ſonder le paſſage; & comme il eſt écrit dans la Morale du pere Campanelle, qu'vn Cheual du Royaume de Naples appellé Mondor fe ietta dans vn precipice, apres auoir reconneu qu'il auoit couuert fa mere.

Il eſt neceſſaire d'adiouſter encore vne fois ce que dit Ariſtote du courage, que c'eſt vne vertu qui s'exerce dans les choſes terribles & formidables : toutesfois Seneque le Philoſophe eſt plus doux en ces paroles. Qu'importe combien ſoit grand ce qui nous fait perir, le perir meſme n'eſt rien de grand : c'eſt vne folie de craindre la mort, parce que nous attendons les choſes certaines & que nous craignons ſeulement pour les douteuſes ; la neceſſité de la mort eſt égale & touſiours inuincible. Socrate diſoit dans les priſons d'Athenes Anitus & Melitus me peuuent bien faire mourir, mais

ils ne fçauroient m'offencer :
fi ie connoiffois la mort peut-
eftre que i'aurois fujet de l'apprehender, mais ne fçachant ce
que c'eft ie ne puis n'y la de-
firer ny la craindre. Patrocle eft bien mort difoit Achil-
les à Lycaon qui luy demandoit
la vie, & ie mourray auffi moy
qui fuis le plus beau & le plus
vaillant des hommes, vn Troyen
m'oftera l'vn de ces matins la
vie par le fer ou d'vn iauelot ou
d'vne fléche. Dieu nous a dit dans
l'Eclefiaftique que la Mort eft
meilleure que la vie miferable ;
& le Prophete Ieremie iette des
maledictions contre ceux, qui
l'auoient éleué dans le monde.
Vn Gymnofophifte répondit au
Grand Alexandre qui l'interro-
geoit du temps le plus conuena-

ble à la mort , lors que le mourir eſt meilleur que le viure. Hel-
uidius dit à Veſpaſian qui luy
deffendoit ſur peine de la vie
d'aller au Senat , vous ay-ie iamais parlé que ie fuſſe immortel?
Et Caton s'arrache de force la
vie , pluſtoſt que de la tenir de
Ceſar vainqueur de toute la terre. Enfin combien de fois le courage de Henry le Grand l'a iet-
té dans les dangers de perdre la
vie , pour éleuer ou reſtablir ſon
autorité ſa gloire & ſon Royaume. Mais vous grand Roy Louïs
Auguſte vous auez tant donné
de marques dans les dangers &
les fatigues des occaſions paſ-
ſées , du peu d'eſtime que vous
auez touſiours fait de la vie , &
du peu de crainte que vous auez
touſiours eu de la mort ; que

voſtre glorieuſe Majeſté peut dire auec Seneque le philoſophe. Que cette fatale neceſſité eſt commune à tous les Hommes, & qu'vne meſme deſtinée emporte les Empires & les Villes, les Roys & les Citoyens ; mais que l'vnique remede contre la mortalité, c'eſt d'établir comme elle fait à ſon nom vne gloire d'immortelle durée.

L'homme Heroïque doit eſtre courageux & vaillant.

CHAPITRE VI.

LE courage n'eſt pas ſeulement neceſſaire à l'homme Heroïque il faut qu'il ayt encore la valeur, parce que les cou-

rageux ne font pas toufiours vaillans & que le vaillant doit auoir
neceffairement le courage. Ariftote en fa Morale dit que la vertu
confifte dans les actions, & en fa
Phyfique que les Anges font en
perpetuel mouuement à caufe
qu'ils font des fubftances parfaites. Ce grand Philofophe
pourfuit en fes Morales que la
vertu s'exerce dans les douleurs
& les voluptez : c'eft à dire qu'elle doit furmonter les douleurs
& combattre les voluptez pour
les vaincre. Mais le fameux Epi-
ctete comprend heureufement
en deux mots cette noble Philofophie , *foûtenez vous & abfte-
nez vous*, dit-il, à fon Prince heroïque ; foutenez-vous dans les
trauerfes de la Fortune & abfte-
nez-vous dans les felicitez de la

vie. Seneque le Philofophe confent à l'opinion de ces deux
grands perfonnages , il dit de
fon Sage ou Magnanime en fes
Epiftres. Qu'il eft propre dans
l'vne & dans l'autre fortune :
qu'il eft moderateur de la bonne & victorieux de la mauuaife:
qu'il ne fe confie point dans les
profperitez ny ne s'abbaiffe
point dans les trauerfes : qu'il
n'eft point furpris de l'éclat des
vnes ny troublé de la foudre
des autres : qu'il eft courageux
& vaillant contre les calamitez;
& que par tant de vertus heroïques il fe met au deffus des menaces & des promeffes de la Fortune. Le courage comme i'ay dit
ailleurs eft le fondement de toutes les vertus & le commencement de l'homme Heroïque, il

s'exerce dans les choſes terribles & formidables , & ſon principal effort eſt dans le mépris de la vie : mais la valeur qui ſuit & qui doit touſiours accompagner le courage, s'exerce dans les douleurs & les voluptez , & a pour ſa fin le mépris des commoditez de la vie.

Il ſera bon toutesfois de monſtrer clairement , qu'elle eſt la difference qui eſt entre le courage & la valeur , ou entre le courageux & le vaillant en faueur du Prince parfait ou de l'homme Heroïque. Le courageux mépriſe la vie les douleurs & la mort , le vaillant n'eſtime point les voluptez les plaiſirs ny les delices : Le courageux tient ferme & ſe plaiſt dans les dangers, le vaillant les ayme les deſire &

les recherche: Le courageux obeït
iufqu'à la mort au commandement de fon Prince ou de fon
General, le vaillant en recherche des nouueaux pour fe faire
tuër outre les ordinaires : Le
courageux fe tient en repos &
joüit des voluptez à fon aife, le
vaillant ne peut s'arrefter dans
l'oyfiueté ny poffeder les voluptez qu'à la hafte : Enfin le courageux ne veut point de reproches, & le vaillant veut par fois
de l'honneur plus que les autres.
Mais il faut confiderer en ces
dénombremens, que l'homme
courageux & vaillant à toutes
ces nobles qualitez, & que le
courageux feulement n'en poffede que les premieres. Achille
eftoit en repos dans fa Tente
pendant que les Troyens & les
Grecs

Grecs de son party, trempoient dans le sang & la sueur des continuelles batailles ; il chantoit & joüoit du Luth en ses Nauires comme dit Homere, durant que les autres Roys de la Grece combattoient les armes à la main dans les plaines voisines ; & sans s'émouuoir ny des massacres des Grecs ny des prieres de ses amys, il ioüissoit des voluptez de la paix que luy donnoit le dépit d'vne offence legere. Antonius estoit en repos dans la ville de Rome, pendant que Iule Cesar son parent & son general estoit dans les plus cruelles batailles des guerres Ciuiles ; il s'arrestoit dans les voluptez & les delices comme il se voit dans les Philippiques de Ciceron, durant que tous ceux

I

du party qu'il auoit embrafsé fe
iettoient dans les dangers & les
maffacres ; & negligeant contre fon deuoir de paffer promp-
tement fes troupes en Epyre ,
il fouffrit au rapport de Lucain
que fon Dictateur luy en fit des
reproches. Et les anciens Lacedemoniens fondez fur la vanité
de n'aller point à la guerre fous
d'autres Capitaines que leurs
propres Roys , refuferent de fuiure le Grand Alexandre & de-
meurant ainfi dans l'oyfiueté du
repos, pendant que les Macedoniens & les autres Grecs combattoient victorieux dans la Perfe les Indes & l'Afie , ils furent
priuez de la gloire de tant de
Triomphes & de Conqueftes.

Mais il faut que l'homme Heroïque foit courageux & vail-

lant tout enfemble , il ne faut
point qu'il foit dans le repos
pendant que les autres trauaillent, & il faut toufiours que fa valeur le faffe extraordinairement
éclater dans le monde : Le vaillant & courageux fils de Priam
eftoit victorieux en l'aîle droite
de fon armée , Cebrion fon
grand Efcuyer l'aduertit du defordre & du maffacre de fon
aîle gauche , il court furieux
pour les garantir comme il fe
voit en ces vers d'Homere.

Hector comme vn Lyon dans les fie-
    res alarmes,
Faifoit fentir aux Grecs la force de
    fon bras,
Comme aux Troyens amys les effets
    de fes armes.

Vn autrefois pourfuiuant les
Grecs du cofté des nauires Po-

lydamas l'arreſte par le bras, &
luy dit qu'il ſeroit bon d'appeller en ce lieu les Princes & les
Capitaines au Conſeil , pour
ſçauoir ce qu'il falloit faire ; Hector luy donne la charge de les
conuoquer pendant qu'il alloit
faire vn tour à ſon auant-garde,
mais ce Prince vaillant & courageux oublie Polydamas & ſon
Conſeil , & ſe iette les armes à
la main dans le plus fort de la
mélée , pour attaquer & brûler
les Nauires. Alexandre ne pouuant ſe tenir en repos dans les
voluptez & les delices des Perſes , ſe remet auſſi-toſt en Campagne pour exercer ſon courage
& ſa valeur contre les Scythes
& dans les Indes ; & bien loin
de joüir à ſon aiſe des felicitez
de la paix à ſon retour dans la

ville de Babylone , il ſe diſpoſe
au contraire d'aller auec ſon armée victorieuſe de tout l'Orient
dans l'Afrique l'Eſpagne & l'I-
talie. Le grand Scipion l'Africain eſtoit en repos dans la ville
de Rome apres la gloire de tant
de triomphes , mais eſtant courageux & vaillant il ne pût ſupporter long-temps cette oyſiue-
té ; il demanda le Conſulat &
la guerre de l'Aſie pour Lucius
ſon frere , & pour en faciliter
l'élection , il s'offre d'aller comme il fit pour Lieutenant General de ſon armée. Ceſar auoit
glorieuſement exercé ſon courage & ſa valeur dans tous les
Royaumes où les Prouinces de
l'Europe de l'Afrique & de l'A-
ſie , il pouuoit heureuſement
joüir des auantages de la paix

fans interefler fa gloire ou fa renommée; & toutesfois Plutarque
rapporte qu'à l'âge de cinquan-
te-fept ans , il fe preparoit d'aller auec fes armées contre les Parthes & apres dans les Indes. Et
Caton que Lucain appelle le
temple de la diuinité à caufe de
fes vertus admirables , refpondit à Brutus qui luy demandoit
fon opinion fur le party qu'vn
homme de bien & d'honneur
eftoit obligé de prendre , dans
les douteux Euenemens de la
guerre Ciuile , que fon courage
& fa valeur ne pouuoient luy
confeiller d'eftre en repos, pendant que tout feroit en armes ;
qu'il fuiuroit toutesfois les armées de Pompée pluftoft que
celles de Cefar , & qu'apres que
Pompée feroit demeuré victo-

rieux il se declareroit son ennemy aussi bien que de l'autre. Enfin le courage & la valeur d'Hannibal luy faisant abandonner la
paix & l'oisiueté de Carthage,
pour se rendre dans les armées
d'Antiochus Roy de Syrie ; obli-
gerent Seneque le Philosophe à
dire en sa faueur ces magnifiques paroles ; tant estoit grand
son courage, de pouuoir viure sans patrie & de ne pouuoir viure sans guerre.

Que si vous considerez Grand
Roy Louys Auguste, le courage
& la valeur des Roys vos prede-
cesseurs : vous verrez l'Empereur Charlemagne tantost auec
ses armées dans l'Italie, tantost
dans l'Allemagne & apres dans
l'Espagne : vous verrez Philippe Auguste triompher de l'Em-

pereur Othon quatriéme , &
du Roy Saladin dans la Syrie :
vous verrez le Roy Sainct Louys
paffer vne fois dans la Terre faincte , & vne autrefois dans l'A-
frique pour combattre les infi-
delles : & vous verrez enfin le
vaillant & courageux Henry
Quatriéme ayeul de voftre Majefté , reietter hardiment à Diep-
pe le Confeil de fe retirer en
Angleterre ou à la Rochelle;
pour foûtenir en perfonne la
foibleffe de fon iufte party &
mourir plûtoft les armes à la
main dans les combats , que
d'abandonner les fiens dans les
dangers & foy-mefme dans l'oyfiueté d'vn repos inutile. C'eft
ainfi qu'apres le courage la valeur fe doit entendre , c'eft ainfi
qu'il faut raifonner pour la bien

connoiſtre , & s'il eſt conuenable de l'examiner dauantage il
faut dire ; que c'eſt la vaillance
dans les combats , la vigilance
dans la conduite , & l'actiuité
dans les operations du Prince
Parfait ou Heroïque : comme il
ſe voit clairement en la perſonne du Roy Louys Auguſte qui
poſſede auec tant de bon -heur
& de felicité la valeur auec le
courage ; que la France a ſujet
d'attendre de nouueaux triomphes de ſa vaillance , de nouuelles grandeurs de ſa vigilance,
& du ſoulagement de ſon actiuité capable de la remettre dans
l'abondance.

Toutesfois pour ſuiure la morale d'Ariſtote ou pluſtoſt la
raiſon , qui eſt la meſure ou la
regle de toutes les vertus : ie dois

encore adiouster que la vaillance est vne vertu qui est entre
la mollesse & l'audace , en telle
sorte neantmoins qu'elle est plus
proche de l'audace que de la
mollesse : La mollesse redoute
le trauail la sueur les dangers ,
& n'estime que les voluptez le
repos & les commoditez de la
vie ; comme il se voit de Mece-
nas en Seneque le Philosophe ,
qui marque la mollesse des
actions des voluptez & des paroles de ce grand fauory d'Auguste ; & du Poëte Horace dans
ses propres vers qui apres auoir
perdu la honte & son bouclier
dans la deffaite de Brutus en
Thessalie , n'eût iamais le courage de le reprendre & suiuant
plustost la mollesse de son naturel que la gloire du nom Ro-

main , renonça comme il dit
pour iamais au fatigable meſtier
de la guerre. Quant à l'audace
qui eſt l'excés de la vaillance
comme la molleſſe en eſt le deffaut , on peut dire qu'elle gour-
mande inutilement & ſans raiſon , les voluptez les dangers &
les commoditez de la vie ; &
que d'vne autre part elle en fait
trop de cas ou d'eſtime , comme il ſe voit dans Saluſte de Catilina qui pour ſatis-faire à ſes
voluptez & à ſon audace vouloit
embraſer la ville de Rome ; &
ne pouuant arriuer à ce mal-
heureux deſſein il fut trouué
mort en la bataille qu'il donna
contre le Conſul Antonius , à
cinquante pas plus auant dans
les ennemis que le premier rang
des ſoldats de ſon armée qui

moururent tous auec luy ſur la
place : & dans Iuſtin où Quinte-Curce d'Agis Roy de Spar-
the, qui ialoux de la gloire du
Grand Alexandre, voulant ſuſ-
citer vne guerre trop inégale
pour faire éclater ſa valeur dans
la Grece, treuua ſa mort à la
verité glorieuſe dans la deffaite
de ſon armée & la ruine de ſa
Patrie.

Mais la vigilance eſt vne vertu qui s'occupe dans la conduite des affaires politiques & militaires, generales & particulieres : elle eſt entre la nonchalance & la precipitation. Elle
paroiſt merueilleuſe en l'Hiſtoire du Conſulat de Ciceron, qui
en merita le ſurnom de pere de
la patrie comme il ſe voit éle-
gamment dans Saluſte & dans

Plutarque. Mais la nonchalance
qui est son deffaut ne trauaille
qu'après des choses legeres & de
nulle valeur, comme il se reconnoist dans Tacite & dans les
histoires, en la conduitte de
Vitellius & de Iulian qui s'amu-
soient à faire attacher des grilles
de fer aux fenestres du Palais
Imperial, pour se deffendre.
Pendant que les armées d'Antonius contre le premier & de Setip-
mius contre le Second, entroient
victorieuse dás Rome. Toutefois
la precipitation qui est le vice opposé à la nonchalance, se porte ordinairement à faire les choses à contre-temps & tousiours
à la haste; comme il se voit en
l'exemple de Sabinus frere de
Vespasian, qui s'estant emparé
trop tost & sans necessité de la

forterefle du Capitole , fût caufe de fa mort, de l'embrafement
du temple fameux de Iupiter Capitolin , de la ruine de tant d'ornemens & de richefles , & de
l'incendie de tant d'autres édi-
fices pompeux ; que Pline le
Naturalifte en déplore la perte
auec des paroles dignes de fa douleur & de fon éloquence : On
peut encore adioufter auec Polybe la precipitation de Cleome-
ne à donner la bataille de Sela-
fie contre les Macedoniens , hors
de toute apparence & pour des
caufes legeres ; dautant que s'il
eût tardé feulement trois iours à
prendre cette refolution , il auroit fauué fon armée fon Royaume & la liberté de Lacedemone qui fût efteinte par fa deffaite. Enfin les dangereux & mor-

tels euenemens de la bataille de Creſſy ne ſont que trop connus dans les hiſtoires, à cauſe de l'impatience du Roy Philippe de Valois qui par ſon ardeur ou ſa reſolution trop precipitée, voulut en venir au combat contre toute apparence.

Il reſte maintenant à raiſonner de l'actiuité, pour acheuer cette matiere. C'eſt vne vertu qui s'exerce dans les operations du corps & de l'eſprit, & qui a pour ſes contraires la pareſſe & l'inquietude.

Pline Second en ſon hiſtoire naturelle la treuue admirable en la perſonne de Iule Ceſar, comme pareillement tous les Auteurs qui ont écrit de ce grand perſonnage : ayant appris la nouuelle de la grande & generale

reuolte des Gaules, il se rend
en quatre iours de Luques à
Narbonne & quatre iours apres
dans le milieu de l'Auuergne
auec ses Legions Romaines :
estant à Rome apres l'éuasion de
Pompée hors de l'Italie, ie m'en
vay dit-il en Espagne pour combattre vne armée sans Chef, &
ie viendray aussi-tost en Epyre
pour combattre vn Chef sans armée : estant en Egypte engagé
dans les amours de Cleopatre &
les batailles de Canope, il passe
des nuits entieres comme il se
voit en Lucain, dans l'entre-
tien des belles sciences auec
Achoreus Grand Prestre d'Alexandrie : estant à Rome dans le
Thrône que le Senat luy auoit
ordonné, pour voir à son aise,
& plus commodément les ieux

&

& les Comedies des Amphitea-
tres , il s'occupe à écrire ou à
dépêcher les plus importantes
affaires : estant dans ses carros-
ses de relais pour passer promp-
tement en Espagne , il écrit
son liure de l'Anti-Caton qui
estoit son manifeste : & lors qu'il
sembloit estre en repos dans sa
chambre ou en sa tente , il di-
ctoit ordinairement à quatre Se-
cretaires à la fois , écriuant encore luy-mesme de sa main, ou
des ordres ou des liures ou des
harangues qui égaloient en éloquence selon Plutarque , celles
de Ciceron le plus grand Orateur de son Siecle. Mais ô Prince le plus digne des Roys ! ie
parle de Cesar qui à l'âge de
trente-deux ans , se plaignoit à
la veuë du tableau d'Alexandre

K

de n'auoir rien fait encore dans
le monde ; & vous n'eftes que
dans la vingt-quatriéme de vos
années : Vous eftes fouuent dans
les diuertiffemens de la chaffe ;
vous eftes occupé dans les foins
du grand bâtiment de voftre Palais magnifique ; vous eftes fouuent à cheual pour exercer voftre addreffe dans les carrozels
& les courfes de bague ; vous
eftes occupé à la lecture des bons
liures ou de l'hiftoire qui eft la
vraye lumiere de voftre conduite ; vous eftes fouuent à faire ou
à commander l'exercice & les
éuolutions militaires, à tous vos
gens de guerre ; vous eftes occupé dans la pompe des ballets
des comedies & des theatres ;
vous donnez ordinairement au-
dience à tous ceux qui fe pre-

fentent à voftre Majefté , pour
leurs affaires particulieres ; &
toutesfois chofe admirable &
que la pofterité aura de la peine
à croire. Vous donnez tous les
iours trois où quatre heures à
vos affaires ; vous occupez voftre efprit à connoiftre les reuenus & la defpence de vos grandes richeffes , & vous commandez vous mefme aux Officiers
qui trauaillent ou écriuent dans
voftre Confeil & en voftre prefence , tout ce que voftre prudence admirable vous fait ordonner ou regler pour l'execution
de toutes les affaires generales
ou particulieres , eftrangeres ou
domeftiques : & fi la profonde
paix qui eft maintenant dans
l'Europe ne peut vous ietter dans
l'oyfiueté , que ne doit-on efpe-

rer de vous grand Roy Louys
Augufte , dans les deffeins où la
conduite de la guerre.

L'homme Heroïque doit eftre ge-
nereux.

CHAPITRE VII.

APres auoir expedié le courage & la valeur de l'homme Heroïque , il faut encore ad-
ioûter qu'il doit eftre genereux;
parce que les courageux & vaillans ne font pas toufiours genereux , & que le genereux doit
auoir neceffairement la valeur
& le courage ; car autrement
comment pourroit-il executer ,
ce que la generofité luy confeil-
le. La plus forte & la principale

des qualitez du courageux , c'eſt
de mépriſer la vie ; du vaillant
de mépriſer les voluptez ; & du
genereux de mépriſer les richeſſes. Mais ſi les courageux & les
vaillans mépriſent la vie & les
voluptez pour eux , ils les mépriſent auſſi pour tous les autres;
& ſi les genereux mépriſent la
vie les voluptez & les richeſſes,
ce n'eſt ſeulement que pour eux
& touſiours en faueur ou à l'a-
uantage des autres. Les courageux & les vaillans qui ne ſont
point genereux , ne combattent
ou ne s'expoſent au danger que
pour leur vtilité particuliere; lés
vns pour la Solde comme dit
Homere , & les autres pour bu-
tiner comme dit Tacite ; les vns
pour s'auancer dans les charges
comme dit Xenophon , & les

autres pour s'éleuer dans la fortune comme dit Plutarque en ſes Vies : Mais les genereux dans toutes leurs actions de guerre & de paix, ne regardent que la fortune ou l'intereſt des autres ; car dans les ſieges & les batailles ils ne combattent que pour le Prince ou pour la patrie, & dans les combats ſinguliers plûtoſt pour leurs amis que pour eux-meſmes. La generoſité dans les formes ordinaires de la Philoſophie eſt vne vertu, qui s'exerce dans les actions politiques & militaires, generales & particulieres ; & touſiours comme il eſt deſia dit en faueur des autres, ſans obligation librement & ſans neceſſité de la part du genereux qui la poſſede.

Le genereux tient le milieu

entre l'interefsé & le fuperbe, les hommes intereffez ne trauaillent & ne s'occupent que pour les biens les facultez & les richeffes ; mais les hommes fuperbes font en effet comme les intereffez & en apparence comme les genereux ; parce que n'ayant point en eux cette heroïque vertu, ils s'efforcent par toute forte de moyens ou de paroles de faire connoiftre au monde qu'ils la poffedent : & toutefois comme dit Ariftote au quatriéme de la morale, les fuperbes s'éloignent moins du genereux que les intereffez ; & font en cela plus dignes & plus recommandables, qu'ils imitent cette vertu que les autres dédaignent. Le Roy Philippe de Macedoine qui s'eftoit rendu Chef

K iiij

de la guerre Sacrée pour son propre interest, comme il se voit
dans Iustin en l'abregé de Tro-
gue Pompée, ne manqua point
de faire valoir par ses actions &
ses paroles, les grands seruices
que la Grece en auoit receus,
comme s'il n'auoit trauaillé que
pour son auantage. Gelon Roy
de Syracuse auec vn appareil de
deux cens galeres & de vingt-
mil hommes armez, s'offrit de
passer en personne auec beaucoup de faste au secours des confederez de la Grece; mais à cause qu'on luy refusa l'authorité
du commandement General
dont il esperoit en son particulier de l'vtilité, il ne partit
point de Syracuse abandonnant
ainsi les Grecs au danger de la
seruitude des Perses suiuant Dio-

dore. Tarquin le fuperbe Roy
des Romains prenant alliance
dans les plus nobles familles des
Latins comme il fe voit dans
Tite-Liue , entroit infenfiblement dans le fecret de leur confeil & de leurs affaires fous couleur d'vne feinte generofité ; afin
de pouuoir exercer comme il fit
dans la premiere occafion , fa
tyrannie fur eux comme il faifoit à Rome. Et Genferic Roy
des Vandales eftant venu liberalement à Rome pour déliurer
l'Imperatrice Eudoxe de la tyrannie qu'elle enduroit, termina
fa genereufe refolution par la
cruauté, l'auarice & la fuperbe ;
ayant détruit & faccagé la ville
de Rome , & emporté dans fes
Nauires les trefors de cette dé-
poüille auec la mefme Impera-

trice, reduite en feruitude comme il fe voit dans Procope.

Mais le genereux qui s'expofe volontairement à la mort aux fatigues & à la defpence pour fes alliez ou fes amis, fans autre intereft ou pretention que de faire plaifir en merite la iufte loüange ; comme il paroift dans Iuftin de Cœdrus Roy des Atheniens de la race de Neftor , qui pour fatisfaire à la répôce de l'Oracle en faueur des Ioniens , fe fit tuer volontairement par les Doriens fous l'habit de fimple foldat ; afin de garantir par fa mort les Atheniens , dont la ville où le Roy deuoient perir en cette guerre : comme il fe reconnoift dans Plutarque d'Antigonus Roy de l'Afi e & de fon fils Demetrius , qui apres les

dangers & les trauaux d'vne
guerre d'extraordinaire defpence, chafferent les Macedoniens
de la Grece & de la ville d'A-
thenes qu'ils poffedoient depuis
la mort d'Alexandre ; fans autre
dédommagement ou auantage
pour eux, que le plaifir d'auoir
remis en liberté la plus illuftre
de toutes les Citez de la terre:
comme il fe voit au long dans
Tite-Liue des Romains & du
Conful Flaminius, apres la défaite des Macedoniens des Eto-
liens & la déliurance des Citez
libres, qui rendirent publiquement la liberté à toute la Grece ; & vuiderent mefme leurs
garnifons auec étonnement de
tout le monde, des trois forte-
reffes que le Roy Philippe appelloit les fers de la Grece, De-

metriade Chalcide & Corinthe;
fans autre referue pour tant de
fatigues de dangers & de def-
pences , que la propre fatisfa-
ction d'vn acte fi genereux & fi
noble : comme il paroift dans
nos hiftoires du Roy Pepin fils
de Charles Martel , qui paffa
deux fois les Alpes auec fes armées en faueur du Pontife Romain contre les Roys de Lombardie; fans rapporter autre auantage pour luy de tant de victoires que le plaifir d'auoir fatisfait
à fa genereufe pensée : & comme il fe reconnoift enfin des nobles actions de voftre Majefté,
qui contre les interefts de fa
grandeur & les progrés de fes
conqueftes ; a donné genereufe-
ment la paix à fes peuples à fes
alliez & à l'Europe , qui par

des continuelles acclamations
benit le Royal Auteur des felicitez qu'elle possede.

Le contraire estant des Princes ou des hommes interessez,
qui ne trauaillent & ne soûpi-
rent qu'apres les biens la fortune & les richesses; qui ne mesu-
rent les amitiez que par l'vtile,
la fidelité que par le profit, &
l'ambition que par la dépence :
voyez ce que Seneque leur dit
dans ses Epistres. Quoy que tu
marche pompeux par tes richesses ? la fortune pourtant ne change point la naissance. Dionisius
& Agatocles selon Plutarque,
estoient arriuez par leur courage
& leur vaillance à la tyrannie de
Syracuse & à la possession des
grandes richesses qu'ils auoient
iniustement amassées ; on leur

reproche toutefois la cruauté la
trahison & la baffeffe de leur
naiffance, le premier comme fils
d'vn Ecriuain & l'autre comme
fils d'vn potier de terre : Marius
le plus vaillant & le plus courageux de tous les Romains, obtint le feptiéme Confulat dans le
temps de la republique Romaine ; on le blâme de fes cruelles
fureurs de fa perfidie de fes con-
cuffions & du foible nom de fa
race, comme il paroift dans Salufte Maximinus par fa grande
valeur & fon grand courage me-
ritoit l'Empire que fa cruauté ou
fon paricide luy acquift, on luy
reproche fa méchanceté fa naiffance de pafteur, & on le precipite du Thrône Imperial par le
mefme glaiue dont il auoit dé-
poffedé l'autre : Eumenes Ge-

neral des Argyraſpides du grand
Alexandre, eſtoit auſſi vaillant
& courageux que nul autre des
Capitaines Macedoniens qui re-
ſtoient apres la mort de ce Prince; mais parce qu'il meſuroit ſon
ambition par ſes intereſts & ſes
richeſſes par ſes cupiditez , on
l'abat on le met à mort ſans reſpect à cauſe de ſa foible naiſſance , voyez ce qu'en dit Plutarque : & Pauzanias l'vn des Roys
de Lacedemone , courageux &
vaillant Capitaine ſelon Diodore, qui auoit gaigné comme General des confederez la bataille
de Platée contre les Perſes; ou-
bliant le mépris des richeſſes de
ſa genereuſe nation & ſe laiſſant
emporter à ſa naturelle cupidité
d'en acquerir au deſpens meſmes
de ſa Patrie, fuſt enueloppé dans

les flâmes qui brûlerent le temple où il s'estoit refugié pour le salut de sa vie.

Il faut donc que l'homme Heroïque ou le Prince Parfait soit courageux vaillant & genereux, afin qu'il puisse heureusement mépriser la vie les voluptez & les richesses, qui sont les trois fondemens de l'amour propre : dautant que la vie n'est point agreable sans les voluptez, & que les voluptez ne peuuent s'entretenir sans les richesses ; toutesfois Aristote & Seneque le Philosophe consentent qu'il ait des richesses, mais non point l'amour des richesses ; qu'il ait des facultez, mais qu'elles soient bien acquises ; & qu'il possede les biens sans en estre possedé, pour les dispenser aux autres. La verité

verité nous enfeigne dans l'E-
uangile, qu'il eft plus heureux de
donner que de receuoir ; Dieu
donne à tout le monde, & ne
reçoit iamais rien de perfonne ;
fi vous fuiuez la nature dit Seneque en fes Epiftres, vous ne
ferez iamais pauure ; mais fi vous
fuiuez l'opinion, vous ne ferez
iamais riche ; celuy qui regle fes
cupiditez, debat auec les Dieux
de la beatitude. Ariftote écrit
en fa morale que le genereux reçoit difficilement les biens-faits,
& s'il en reçoit qu'il s'efforce de
les rendre auffi-toft & au double:
c'eft le fondement de la gratitude & de la reconnoiffance, qui
fe treuuent fi rarement dans le
monde ; & c'eft le fondement
de l'honnefte qui eft auparauant
le iufte, fuiuant Herodote. Ma-

L

homet dit en ſes liures ayez pitié de vos parents dans leur vieilleſſe , comme ils ont eu pitié de
vous pendant voſtre ieuneſſe; &
Moyſe nous ordonne de la part
du tout puiſſant , d'honorer le
pere & la mere qui nous ont donné la vie l'éducation & la nourriture. La reconnoiſſance eſt vne
vertu qui s'exerce dans les biens-
faits , & qui s'occupe à les meſurer ſoit à les receuoir ou à les
rendre ; elle nous enſeigne à les
receuoir auec moderation , & à
les redonner auec abondance :
c'eſt le propre du genereux d'en
vſer de la ſorte , mais le ſuperbe ou l'intereſsé décline
ordinairement dans l'ingratitude ou dans l'iniuſtice.

Mais combien eſt grande &
conſiderable , cette vertu de re-

connoiſſance ? Iupiter ſe plaint
dans Homere d'eſtre obligé de
conſentir à la mort du valeureux Hector , à cauſe diſoit - il
de ſa deuotion & des ſacrifices
qu'il luy faiſoit en grand nombre ; & Dieu ſuiuant l'opinion
de ſainct Auguſtin ne pouuant
reconnoiſtre la vertu & la pieté
des Romains en l'autre Vie ,
leur a donné l'Empire de la terre en ce monde : Marc Aurelle
auoit receu l'Empire d'Antonin
& Fauſtine ſa fille en mariage ,
on le perſuade de la repudier à
cauſes de ſes publiques débauches ; il reſpond qu'il faut donc
luy rendre l'Empire , preferant
le des-honneur de ſa maiſon au
vice de l'ingratitude : Ageſilaüs
Roy de Lacedemone comme il
eſt écrit dans Plutarque , renon-

ce au commandement de l'armée qui alloit faire la guerre aux
Tegeates, à cauſe des obligations
qu'il auoit en ſon particulier à
la Nobleſſe de Tegée , & en remet la conduite à ſon fils Ar-
chidame : Mais la noble reconnoiſſance de Maynard de Pagan Prince de la Romagne, paſſe de beaucoup les autres exemples , comme il ſe voit au long
dans l'hiſtoire de Iean Villany,
il eſtoit General du party des Gi-
belins en Italie , & la ville de
Florence eſtoit dans le party des
Guelphes : ſon pere l'ayant laiſ-
ſé ieune apres ſa mort ſous la tu-
telle des Florentins , cette republique à lors tres-puiſſante ne
manque pas de le deffendre de
le ſoûtenir & d'augmenter ſon
patrimoine : l'intereſt de ce ieu-

ne Prince qui conquiſt le reſte
de la Romagne par la valeur de
ſes armes, eſtoit de ſoûtenir de
tous coſtez ſon party des Gibe-
lins pour éleuer dautant plus ſa
gloire & ſa fortune ; mais comme il eſtoit genereux au lieu de
porter la guerre contre les Guelphes de la Toſcane , il ſe treuue
en perſonne auec ſon armée dans
toutes les batailles & les combats qu'ils donnerentà leurs ennemis , laiſſant vn ample ſujet
aux Hiſtoriens de ſon temps de
loüer publiquement comme ils
ont fait ſa gratitude.

L'homme Heroïque doit eſtre genereux
& Magnanime.

CHAPITRE VIII.

CE n'eſt point encore aſſez
à l'homme Heroïque d'e-
ſtre courageux vaillant & genereux , il faut auſſi qu'il ſoit magnanime ; car autrement comment pourroit-il arriuer à la ſublimité de la gloire , comment
pourroit-il meriter les grands
honneurs & comment pourroit-
il croire d'en eſtre digne? puiſque le magnanime comme dit
Ariſtote au quatriéme de la morale , eſt orné de toutes les vertus & de toutes les qualitez qui
doiuent neceſſairement accom-

pagner le Prince Parfait ou Heroïque. Le courageux méprife
la vie , le vaillant méprife les voluptez , le genereux méprife les
richeffes , & le magnanime méprife les dignitez ; ce font les
quatre élemens de l'honneur &
de la gloire , parce que l'amour
de la vie des voluptez des richeffes & des dignitez , rendent les
hommes timides , les iettent
dans la moleffe , les font intereffez , & les plongent dans la baffeffe : comme il fe voit ordinairement dans les Cours & les
Republiques , qui n'ont pas des
loix comme la Romaine ny des
Roys comme Louys Augufte;
qui par fa noble vigueur a banny de fa Royale maifon , les
Cabales & la feruitude. Mais
qu'elle eft cette difference du ge-

nereux d'auec le magnanime, ou
pluſtoſt quel eſt cét auantage du
magnanime par deſſus le genereux ? puiſque les Auteurs de la
Philoſophie les confondent :
c'eſt que le genereux employe
ſon courage ſa valeur & ſes facultez pour les autres en des choſes ordinaires , & le magnanime en des choſes grandes & releuées ; faiſant paroiſtre en toutes ſes actions tant en public
qu'en particulier , la grandeur
de ſon courage de ſa valeur &
de ſes largeſſes. Le magnanime
dit Ariſtote eſt entre le puſillanime & le preſomptueux, en telle
ſorte toutesfois que le preſomptueux en eſt moins éloigné que
le puſillanime : le preſomptueux
aſpire aux grands honneurs &
croit les meriter comme le ma-

gnanime, quoy qu'il n'en merite qu'vne partie; mais le pufilla-
nime n'afpire point aux honneurs & ne croit point les meriter, quand bien il pourroit en
meriter quelque chofe, que peut-
on efperer dit ce grand Philofophe d'vn homme qui a le cœur
fi bas & l'ame fi vile.

Le magnanime doit afpirer
aux grands honneurs & à la gloire, il doit en eftre digne fuiuant
Ariftote & croire qu'il en eft digne, car autrement comment
fe porteroit-il dans les actions des
grandes vertus pour eftre vtile à
fa patrie: comme Ninus qui forma la premiere monarchie pour
les Affyriens; Cyrus la feconde
pour les Perfes; Alexandre la
troifiéme pour les Macedoniens;
& Cefar la quatriéme pour les

Romains ou Rome ſa patrie. Si
le magnanime ne doit point aſpirer à l'honneur il doit renoncer à la vertu , & s'il manque
feulement d'vne vertu Ariſtote
dit qu'il n'eſt point magnanime.
L'honneur & la vertu ſont inſe-
parables , l'honneur ne vient iamais ſans la vertu & la vertu ne
ſe treuue iamais ſans l'honneur:
Seneque dit ces paroles en ſes
Epiſtres. Quelque grand & puiſſant que ſoit le vice dans le monde , il ne pourra iamais effacer
l'éclat de la vertu ou des belles
actions des grands perſonnages;
les Romains auoient édifié dans
la grande place de Rome , vn
temple à l'honneur & à la vertu
comme il ſe voit dans Tite-Liue ; mais le College des Pontifes par vn ſecret de Religion

le fit feparer en deux Chapelles,
pour donner à chaque Deïté la
fienne ; en telle forte qu'il falloit pour entrer au temple de
l'honneur paffer neceffairement
par celuy de la vertu, qui eftoit
vne belle façon d'éleuer la ieuneffe à la gloire. Auffi le magnanime eft toûjours dans les grands
deffeins & les grandes penfées;
Achille eftoit en fes Galéres à
confiderer la fuite ou la retraitte des Grecs en defordre , &
parmy eux les Roys ou les Princes bleffez la plufpart tous mal-
traittez des Troyens, il dit alors
en foy-mefme ces vers du Poëte
Homere.

Que ce fût des grands Dieux le vou-
   loir fouuerain,
Que tous les Princes Grecs les armes
   à la main,

Mouruſſent en ces lieux & que le
  ſeul Achille,
Euſt la gloire de prendre & brûler cet-
  te ville.

Et vne autre fois pourſuiuant
Apollon ſous la figure d'Age-
nor , qui venant à ſe découurir
& à ſe moquer des efforts qu'il
faiſoit contre vne diuinité qu'il
ne pourroit offencer ; luy dit en
colere. (Ie ſçay bien que ie ne
le puis, car ſi ie le pouuois) Homere nous laiſſe acheuer le reſte.

Darius voulant offrir au grand
Alexandre de partager en deux
l'Empire de l'Aſie, pour luy en
laiſſer la meilleure partie ; ce
Roy magnanime reſpond qu'il
ne peut , & que comme il n'y
auoit qu'vn Soleil dans le Ciel
il ne falloit auſſi qu'vn Roy ſur

la terre ; & comme il eſtoit dans
l'eſperance d'acheuer la conqueſte de cét vniuers , il demandoit
aux Philoſophes de ſa Cour s'il
y en auoit d'autres , pour luy
donner de nouuelle gloire ; ce
n'eſt point vn Roman fabuleux
qui nous raconte ces choſes , c'eſt
Plutarque le Philoſophe. Marius eſtoit banny & chaſsé de
l'Italie apres auoir eſté ſix fois
Conſul , & fuyant abandonné
de tout le monde dans vn vaiſ-
ſeau leger , décend tout ſeul en
Affrique où eſtoit anciennement
la grande & ſuperbe ville de Cartage : Le Proconſul Felix qui
eſtoit du party de Sylla ou du Senat luy fait ſignifier auſſi-toſt
qu'il euſt à ſortir de ſa Prouince , & l'Huiſſier le preſſant de
reſpondre s'il vouloit obeïr ou

non , va luy dit ce grand perſonnage & dis ſeulement au Proconſul , que tu as treuué Marius aſſis au milieu des ruines de Cartage ; faiſant ainſi comparaiſon comme le recite Plutarque de ſa perſonne auec cette ville , mais non ſans fondement puis qu'il reuint encore vne fois à Rome , pour eſtre ſept fois Conſul & mourir dans le ſommet de la gloire. Scipion l'Affricain arriuant en Eſpagne pour en prendre le gouuernement & y commander les armées , reçoit contre l'opinion de tout le monde le Tribun Martius qui auoit fait de ſi grands exploits de guerre en ſon amitié, l'honnore par tout de grandes loüanges, & luy donne les premiers emplois dans ſon armée; mon-

trant comme dit Tite-Liue à
quelle gloire il aſpiroit, n'eſtant
point ialoux de celle de Martius.
Et Ceſar tout vieux qu'il eſtoit
victorieux de cinquante batailles, triomphant de l'Europe de
l'Afrique & de l'Aſie, & glorieux
de tant de titres ſuperbes ; con-
çoit & ſe prepare au grand deſſein de la guerre des Parthes,
pour vaincre la gloire qu'il auoit
acquiſe par celle qu'il vouloit ac-
-querir dans la Perſe témoin Plutarque en ſa Vie.

La vertu du magnanime s'occupe dans les grandes actions &
s'exerce dans les choſes pluſtoſt
generales que particulieres, pluſtoſt en faueur du public que des
perſonnes priuées : s'il mépriſe
la vie c'eſt comme Codrus Roy
d'Athenes, pour le ſalut des Io-

niens & de fa patrie : comme
Leonidas Roy de Lacedemo-
ne , pour le falut de toute la
Grece ; comme Regulus , pour
rendre les Romains victorieux
de Carthage ; comme les Decies,
pour le falut des legions de leurs
armées ; & comme Caton, pour
faire triompher la vertu de la
fortune. S'il méprife les voluptez ; c'eft comme Alexandre qui
abandonne les delices des Perfes,
pour aller dans les glaces de la
Scithie & dans les brûlantes cha-
leurs des Indes ; comme Scipion
en Polybe qui refufe de s'enga-
ger dans les careffes de la plus
belle Princeffe de l'Vniuers, pour
s'occuper tout entier à la conquefte de l'Efpagne ; comme Cefar qui renonce à Cleopatre & à
fes banquets, pour voler en Afie
con-

contre le Roy Pharnace ; & comme l'Empereur Augufte qui refifte aux charmes de la Reyne
d'Egypte , pour conuertir fon
Royaume en Prouince Romai-
ne. S'il méprife les richeffes ? c'eft
comme le Conful Curius qui
refufe l'argent des Samnites , &
leur refpond qu'il ayme mieux
manger des raues & commander à ceux qui poffedent l'or ;
comme Tuberon qui porte fon
prefent au grand feftin de Iupiter dans vn plat de terre , qu'il
eftimoit digne de luy , & du
Capitole ; qui fçait que la vaiffelle d'or & d'argent des autres
feroit rompuë & mife en pieces,
mais que la fienne dureroit autant que les fiecles ; & qui man-
ge comme le magnanime de Seneque dans la vaiffelle de terre

comme fi elle eftoit d'argent, &
dans la vaiffelle d'argent comme
fi elle eftoit de terre ; enfin comme Alexandre qui donne tout le
comptant de fes Finances à fes
Capitaines deuant que paffer en
Afie, fe referuant difoit-il pour
foy l'efperance. Et s'il méprife
les dignitez, c'eft comme Lycurgus qui refuse la Royauté de
Lacedemone, pour mieux établir fes loix admirables; comme
Fabricius qui reiette les propofi-
tions, de partager le Royaume
de Pyrrus & fes conqueftes ;
comme Scipion qui refufe deux
fois la qualité de Roy, que les
Efpagnols luy prefenterent; comme Germanicus qui s'offre à la
mort plûtoft que d'accepter l'Empire, que fon armée luy vouloit
donner ; comme Manlius qui

refuſe vne fois le Conſulat en
diſant aux Romains , que comme ils ne pouuoient ſupporter ſa
ſeuerité il ne pouuoit non plus
endurer leur des-obeiſſance ; &
comme Gregoire le Grand qui
prend en ſes titres la qualité de
ſeruiteur des ſeruiteurs de Dieu,
pour ſe moquer de la vanité de
Iean Patriarche de Conſtantino-
ple qui auoit vſurpé celle d'Eueſ-
que des Eueſques.

Le magnanime dit Ariſtote
aime & ſe plaiſt dans les grands
perils , pour exercer ſon grand
courage & faire éclatter dauantage ſa gloire : comme Alexandre qui tout ſeul ſe iette les armes à la main dans la ville des
Malliens , ſuiuant Arian & Plutarque : comme Hannibal qui
auec vne armée de differentes na-

tions & de diuers langage , paffe le premier des Carthaginois
l'Ebre, les Pyrennées, le Rhône,
les Alpes, le Pô , l'Apennin , &
fe prefente aux murailles de Rome : comme Lucullus qui auec
douze mille Romains paffe tout
le premier de cette belliqueufe
nation le Taurus , l'Eufrate &
l'Araxe ; penetre l'Afie l'Armenie & la Medie , & fe prefente
à deux Roys & à deux armées
de trois à quatre cens mil hommes : comme Cefar qui auec
quarante-mil foldats & pour vn
mois feulement de viures , fe
campe & fe retranche dans le
milieu des Gaules entre deux
Roys & deux armées, l'vne de
quatre-vingt mil hommes dans
Alexie , & l'autre de deux cens
cinquante-mil du cofté de la

campagne : comme Xenophon
& Cherifophus qui entrerent auec
dix mil Grecs dans le deffein d'v-
ne retraitte de fept à huiƈt cens
lieuës , toufiours en combattant
ou contre les Perfes ou contre
les nations de leur paffage : comme Henry le Grand qui dans le
combat d'Arques en Norman-
die refifte glorieufement auec
cinq ou fix mil foldats aux atta-
ques de plus de quarante - mil
hommes , fans autre retranche-
ment que la valeur de fon épée:
& comme le Grand Maiftre de
Pagan qui fouuent auec dix
Cheualiers de fa Religion militaire du Temple, attaquoit deux
mil des ennemis dans les guerres de la terre Sainƈte , fuiuant
l'Archeuefque de Tyr en fon hiftoire Sacrée; ç'a efté le premier

de tous les Chreſtiens heroïques
qui a ſçeu ioindre la vie actiue
à la contemplatiue , les armes
aux vœux , les perils de la guerre aux merites des prieres , & les
fatigues du camp à l'auſterité de
la regle ; ſa reputation fuſt ſi
grande qu'Alphonſe Roy d'Arragon Empereur des Eſpagnes
luy legua par ſon teſtament de
l'année mil cent trente & vn , ſon
Royaume ſon Cheual de ba-
taille & ſes armés , voyez Surita
en ſes hiſtoires.

Le magnanime dédaigne les
dangers mediocres , il s'y porte
neantmoins auec la meſme reſolution pluſtoſt pour agir & pour
ſatisfaire à ſon honneur , que
pour en eſperer de la gloire : on
reprochoit vn iour à Scipion
qu'il ménageoit ſa vie dans les

batailles, il refpondit que fa mere l'auoit fait pour eftre General
d'armée & non point fimple foldat comme il fe voit dans Plutarque. Le prefomptueux vou-
droit aimer les grands perils
comme le magnanime, il fe plaift
toutesfois dans les mediocres à
caufe qu'il a de la vertu ; mais
foit dans les grands foit dans les
moindres il s'efforce toufiours à
faire valoir fes actions, pour obtenir l'honneur & auoir la loüange qu'il n'a point meritée : Ciceron eftant Preteur vainquit les
Ciliciens en de legeres batailles,
il fçeut neantmoins en releuer la
victoire auec tant d'auantage
qu'il en eût merité le triomphe
dans Rome , fi par les Confeils
de Cefar & de Pompée il n'euft
defifté de le pourfuiure. Mais le

M iiij

puſillanime qui eſt opposé dire-
ctement au preſomptueux, craint
les mediocres dangers & trem-
ble touſiours dans les plus grands;
il ne ſe plaiſt iamais ny dans les
vns ny dans les autres , & ſoit
ou pour les éuiter ou pour excu-
ſer ſa foibleſſe , il les fait touſiours épouuantables : Perſeus
Roy de Macedoine ſur le poinct
de commencer la bataille contre les Romains , prend occaſion de s'en éloigner ſous couleur d'aller en perſonne faire des
ſacrifices au temple d'Hercule
dans la prochaine ville de Pyn-
de en faueur de ſon armée; mais
c'eſtoit aux prieres d'Æmilius
que les Dieux fauoriſoient , car
il leur demandoit la victoire les
armes à la main & en combattant ils les inuoquoit à ſon aide,

ce font les paroles de Plutarque
en fa Vie : & le fuperbe édifice
de l'Efcurial en Efpagne ne fait-
il pas connoiftre la grandeur du
danger de la bataille de Sainct
Quentin, dans l'opinion du Prince qui en accomplit le bâtiment
& le vœu qu'il en fit , pour le
falut de fa perfonne & de fon armée.

L'homme Heroïque ou le
Prince parfait doit eftre courageux vaillant genereux & magnanime , il doit auoir comme
vous Grand Roy Louys Augufte les vertus & les qualitez qui
vous font éclatter auec tant de
luftre , il doit afpirer comme
vous aux grands honneurs & à
la gloire , & fuiuant ce que i'ay
dit auec Ariftote il doit en eftre
digne & croire qu'il en eft di-

gne ar autrement comment fe
porteroit-il comme vous dans les
actions des grandes vertus, dans
la conduite ou le gouuernement
d'vn fi grand Royaume, & dans
le foin de preuoir comme vous
faites & de pouruoir à la neceffité de tant d'affaires diuerfes.
Ariftote dit que le magnanime
n'ayme point les loüanges, parce que tout ce qu'on peut dire
en fa faueur eft toufiours au def-
fous de ce qu'il merite, à caufe
qu'ayant toutes les vertus il faudroit pour le dignement loüer,
les auoir toutes entieres. Moyfe
nous enfeigne que la gloire du
grand nom de Dieu, ne fe peut
exprimer que par le filence : &
toutesfois i'efpere que voftre Majefté fera comme Trajan le plus
digne des Empereurs, qui rece-

uoit agreablement les loüanges
quand elles procedoient de l'a-
mour & non point de la crainte , quand c'eſtoient des veritez
& non point des flatteries. A
l'âge de vingt-quatre ans Vale-
riüs fuſt digne du Conſulat ,
Pompée du triomphe, & Scipion
d'aller Proconſul en Eſpagne ;
mais voſtre Majeſté à l'âge de
vingt-deux ans a fait connoiſtre
à tout le monde , qu'elle eſtoit
capable de gouuerner toute
l'Europe, ce fut le neufiéme iour
du mois de Mars de l'année mil
ſix cent ſoixante & vn, que la Frá-
ce eût cét auantage de voir apres
cinquante ans , l'adminiſtration
des affaires publiques renduë à
ſon glorieux Monarque : le nom
de premier Miniſtre deuenoit
odieux dans l'eſtat comme la di-

ctature dans Rome , il falloit vn
Roy magnanime pour l'abolir, &
la prouidence l'a fait treuuer dans
vôtre Auguste & Royalle persone.

L'homme Heroïque doit auoir la bonté
naturelle.

CHAPITRE IX.

LE grand Philosophe Ari-
stote qui eût cét auantage
de naistre dans la Grece & dans
le Siecle d'Alexandre , nous dit
au quatriéme de la morale qu'il
y a peu de magnanime dans le
monde , à cause qu'il y a peu
d'hommes qui ayent la bonté
naturelle : il nous fait connoistre
par ces paroles que le Prince
Parfait ou Heroïque doit auoir
cette bonté auec les grandes ver-

tus qui l'accompagnent, & dans le feptiéme il debite en faueur de cette opinion les vers que le Poëte Homere fait dire à Priam de fon fils Hector.

Vous n'euffiez iamais creu qu'il euft pris fa naiffance,
D'vn mortel mais des Dieux à voir fa contenance :
Tãt il eftoit vaillãt & debonnaire à tous.

Il adjoufte au mefme endroit que les beftes farouches ont la cruauté, que dans les beftes il n'y a point de vertu ny de vice, & partant que la cruauté vient de la nature. Il pourfuit que l'hóme eft opposé à la befte farouche, qu'il faut treuuer vne qualité dans les hommes qui ne foit ny vice ny vertu pour l'oppofer à cette cruauté, & que cette qualité ne peut eftre que la bonté

qui procede de la nature ; nous
apprenons dans l'hiſtoire Romaine que l'on ſouhaittoit aux
nouueaux Empereurs, la felicité d'Auguſte & la bonté de Trajan ; & que Trajan fuſt le premier entre les Ceſars qui merita du Senat & du peuple Romain le ſurnom de tres-bon &
de tres-grand, à l'exemple de
Iupiter le ſouuerain des Dieux
qui auoit ces tiltres ſuperbes: d'où
vient comme il ſe voit dans le
meſme Ariſtote que les anciens
Lacedemoniens auoient accouſtumé d'appeller hommes diuins,
les hommes qui auoient cette
bonté parmy les grandes vertus
politiques & militaires qui les
rendoient par tout ſi recommandables.

La bonté n'eſt point vne vertu comme dit Ariſtote, mais c'eſt quelque choſe de plus excellét & de plus admirable : Dieu qui eſt la bonté meſme n'a point de ver- tu ny de vice ; c'eſt vne qualité qui procede pluſtoſt de la nature que de l'habitude, elle s'occupe dans les actions ſalutaires à l'hó- me , & s'exerce dans la colere & dans la vengeance pour les re- primer. La méchanceté luy eſt di- rectement oppoſée, parce qu'el- le ſe plaiſt dans les actions qui nuiſent à l'homme , & qu'elle ſe réjoüit dans les cruautez & dans les maſſacres. Ariſtote & Sene- que déclament contre ces deux paſſions qui rendent les hommes furieux & pareils à des beſtes farouches , qui font les Princes des Tyrans , les enfans des par- ricides & tous en general des

monſtres : la prudence & la valeur de Sylla de Marius & d'Hiſmaël Roy de Perſe , eſtoient à la
verité recommandables ; mais la
memoire des cruautez qu'ils ont
exercées auec tant de fureur & de
violence , rendra leurs noms
eternellement execrables dans
les ames bien nées. Or comme
la bonté merite les plus grandes
loüanges , la méchanceté merite auſſi les plus grands blâmes,
les hiſtoires en ſont toutes remplies : c'eſt la plus digne recom-
pence de la vertu & la plus iuſte
punition du vice ; la bonté de
Trajan & des Antonins ſera per-
petuellement celebrée , mais la
méchanceté de Domitian de Caligule & de Neron ſera touſiours
abominable : les premiers ont
heureuſement regné ſur la terre
&

& nous ont fait connoiftre comme dit Pline Second , que la plus fidelle garde d'vn Prince eft fon innocence ; au contraire des autres qui ont treu-ué la mort violante en leur ieu-neffe , & la haine des peuples durant leur vie. L'Empereur Trajan dit à fon Conneftable luy donnant à l'ordinaire l'épée nuë à la main , pour le mettre en poffeffion de la charge;fi ie me porte en bon Prince employe ce glaiue pour medeffédre ,fi en mé-chant plonge le dans mon vétre.

La bonté qui doit tou-fiours accompagner l'homme Heroïque à deux principales parties , l'humanité & la clemen-ce ; dautant que l'humanité re-garde les operations de la pru-dence ou de la conduite, & que

N

la clemence se doit exercer dans les actions du courage ou de la valeur dans la colere ou dans la vengeance : la premiere qui est l'humanité se reconnoist en la personne de Priam, dans le Poëte Homere : il estoit sur le rempart de la ville de Troye à considerer la grande & puissante armée des Grecs, il fait appeller Helene pour connoistre les Roys ou les Princes qui la commandoient, cette belle Princesse arriue toute éplorée & Priam luy dit auec douceur pour la consoler ; aprochez-vous ma fille ie ne vous accuse point des mal-heurs de cette guerre, ce sont les Dieux immortels qui veulent affliger ma vieillesse. Hector n'auoit pas moins d'humanité que le Roy son pere, comme il paroist dans

le mefme Auteur & par le témoignage de la mefme Helene;
qui venant comme fa belle fœur
felon la coûtume des anciens, à
pleurer fur le tombeau de ce prince dans les ceremonies de fes fu-
nerailles : difoit parmy fes plain-
tes que iamais Hector durant fa
vie n'auoit vfé de paroles des-
obligeantes ou fâcheufes en fon
endroit , comme les autres qui
fouuent luy faifoient des reproches. Et cette douceur ne fe découure pas moins , dans les operations de la conduite d'Alexandre. Les Princeffes fes fœurs luy
ayant enuoyé de la Grece des
laines de diuerfes couleurs pour
les employer à des ouurages, il
enuoya ce prefent à la Reyne Si-
gigambis mere du Roy Darius,
qui fe mit auffi-toft à fe plaindre

& à fe lamenter du mauuais trait-
tement qu'on luy faifoit en luy
dónant de la laine pour trauailler,
à caufe que c'eſtoit le plus grand
outrage que l'on pouuoit faire
aux Dames de Perſe : ce grand
Prince accourt auſſi-toſt à elle, luy
fait de grandes excuſes, l'appelle ſa mere comme il auoit accoûtumé, ſe met à genoux pour l'ap-
paiſer, luy demande pardon, luy
dit que la Reyne ſa mere & ſes
fœurs employoient ces laines en
leurs ouurages, & l'aſſure qu'il
ne ſçauoit pas que les Dames
Perſiennes ne deuoient iamais
trauailler qu'à la ſoye & non
point à la laine, voyez le reſte
de ces paroles humaines dans
Quinte-Curce.

Quant à la clemence qui eſt la
ſeconde partie de la bonté du

Prince Parfait, & qui combat la colere ou la vengeance pour en moderer les emportemens, par la mesme raison qui est la mesure de toutes les vertus : nous la verrons triompher dans les gráds personnages comme au Roy Menelaüs, qui tenant vn Seigneur Troyen dans les batailles d'Ilion à ses pieds tout prest à le tuër ; cét infortuné venant à le reconnoistre, & sçachant la reputation de sa bonté ; se iette à ses genoux & luy dit ces vers du Poëte Homere.

N'ayez point tant d'égard Seigneur à la
  puissance,
Que la fortune veut maintenant vous
  donner
Sur moy vostre ennemy comme à vostre
  clemence.

Comme au grand Alexandre qui auoit pardonné à Philotas d'auoir coniuré contre sa vie, & qui venant à changer d'opinion par le Conseil d'Epheftion & de Craterus à cause de la suite funeste d'vne si detestable coniuratió, obligea Philotas à s'écrier : ô Roy mes ennemis ont surmonté voftre clemence ! comme en Iules Cesar qui vouluft s'abandonner au peril d'estre tué par ses amis dans le Senat de vingt-trois coups d'épée, plûtoft que d'offencer la reputation de sa grande clemence, par la mort des Citoyens qui coniuroient contre sa vie. Comme au Roy de France Henry le Grand de glorieuse memoire ayeul de voftre Majefté, qui n'a pas moins imité la clemence que la valeur de Cesar en pardonnant comme

il a fait , à tant de Princes de
nobleſſe & de villes qui auoient
ſi long-temps combattu les armes à la main , contre ſa vie
ſa fortune & ſa couronne : &
comme au genereux fils de Me-
nette compagnon du vaillant
Achille , qui auoit tant de bonté auec ſon grand courage qu'Homere a dit en ces vers , qu'il ſçauoit vaincre & pardonner, pour
marque de ſa gloire immortelle.

Toutesfois il ſemble que la
vengeance ſoit moins criminel-
le que la colere , quant elle eſt
pluſtoſt pour les autres que pour
ſoy-meſme. Achille eſtoit pitoyable auant la mort de Patrocle ,
mais depuis qu'vne nuiƐt eternelle à couuert ſes yeux il eſt inexo-
rable , diſoit ce Prince aux

Troyens dans Homere. Alexandre confultant l'oracle de Iupiter Ammon, demande fi la mort
du Roy Philippe fon pere auoit
efté vangée.   Dauid ne vouluft
point mourir fans vanger la mort
d'Abner fils de Ner, par celle de
Ioab le plus fidelle & le meilleur
de tous fes Capitaines. Plutarque
en la comparaifon de Cefar &
d'Alexandre , ne tréuue point
d'autre auantage de l'vn par deffus l'autre , que la mort de Cefar
qui fût vangée & non point celle d'Alexandre. Sylla fift tuér le
ieune Marius fur le tombeau de
Catule que fon pere auoit fait
maffacrer , & cette action à treuué des loüanges parmy les blâmes que l'on donne à ce Dictateur , de qui Seneque dit ces paroles : que la cruauté auoit pris

la figure humaine en fa perfonne. Les maffacres du Triumuirat
font diffamez dans toutes les hiftoires, mais Antonius & Augufte qui en eftoient les Auteurs
font loüez de la vengeance qu'ils
prenoient de la mort de Iules
Cefar, par l'execution de tous
ceux qui auoient trempé leurs
mains ingrates dans le fang de
ce genereux Prince. Et toutesfois il ne faut pas que cette vengeance s'étende fur les perfonnes
innocentes, & que la fortune
femble vouloir enuelopper dans
le mefme crime; comme fût celle d'Hifmaël Roy de Perfe qui
fit tuër tous les habitans & tous
les chiens de la ville de Tabris,
à caufe que fon pere Sac Aidar
fût mis à mort & fon corps mangé des chiens par le commande-

ment d'Haçen Bey dans cette miferable ville.

Il faut donc que la bonté du Prince Parfait ou de l'homme Heroïque, le porte naturellement à ne fe point vanger des offences qu'il reçoit en fon particulier ; comme Cefar qui protefte en plein Senat dans le commencement des guerres ciuiles, de ne point faire mourir aucun des Citoyens qui porteroient les armes dans le party contraire ; qui refpondit vn iour aux reproches qu'on luy faifoit d'auoir perdu le fouuenir d'vn bienfait, qu'il n'auoit iamais oublié que les iniures ; & qui n'eut iamais de fi grande paffion dans tout le cours de fa vie, que de pardonner à Caton le perpetuèl ennemy de fa reputation de fa

fortune , & de fa gloire. Car de
fuiure l'exemple de ceux qui par
des emportements déreglez , ont
trouué la reparation des offences
receuës dans les cruelles végean-
ces , ce ne feroit que tomber
dans la foiblesse touſiours contraire à l'homme Heroïque. Me-
leagre Roy de Calydon en Æto-
lie pour se venger d'vn outrage
qu'il auoit receu des habitans de
ſa ville , les abandonne aux maſ-
facres des ennemis sans prendre
les armes pour les deffendre; &
nous voyons dans le meſme Poëte Homere qu'Achille pour ſatisfaire au reſſentiment d'vne offence legere , ſouffre à ſes yeux
& fans s'émouuoir la deffaite &
la tuërie des Grecs par les Troyés
dans les plaines voiſines. Antonius pour ſe vanger des Philip-

piques de Ciceron , le fait maf-
facrér & porter fa tefte & fa main
droite coupée fur la Tribune des
harangues publiques. Et l'Empereur Conftantin pour reparer
vn outrage fait à fa Royalle cou-
che feulement dans la pensée ,
fait mettre à mort fon propre fils
quoy qu'innocent parce qu'il le
tenoit coupable.

La bonté dans les grandes vertus eft dans fon veritable thrône:
Ariftote & Platon difent qu'elle
a cét auantage de rendre les hommes femblables à Dieu , & Seneque plus audacieux en ce point
que les autres nous veut perfuader que l'homme eft encore plus
excellent que Dieu ; à caufe dit
ce grand philofophe que Dieu ne
peut & ne veut point faire le mal,
mais que l'homme le peut & ne

le veut point faire. Il ofe nous
parler de la forte ; pour nous
donner plus de courage & de
force ; pour nous exciter à la clemence, qui eſt la cauſe de l'humaine felicité , pour nous éloigner des cruelles fureurs de la nature peruerfe, qui eſt directe-
ment opposée à la diuine ; &
pour nous enfeigner par des paroles dignes d'vn prince parfait
ou Heroïque , les moyens d'arriuer à la fublimité de la gloire. Vous eſtes le plus digne
de tous les Monarques ? ie parle
au Roy Louys Auguſte ; vous
auez la bonté du magnanime
d'Ariſtote , & les vertus heroïques du Sage de Seneque; vous
auez la clemence de Cefar , l'humanité de Pompée , la douceur
de Scipion , & la ciuilité d'Ale-

xandre : & par tant de qualitez
admirables vous commencez à
joüir d'vne gloire immortelle ,
qui deuient tous les iours plus
grande en voftre perfonne
Royalle.

Fin du Premier Liure.

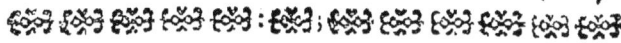

L'HOMME

HEROIQVE

DV COMTE

DE PAGAN.

O V

LE PRINCE PARFAIT

Sous le Nom du Roy

LOVYS AVGVSTE.

LIVRE SECOND.

L'HOMME HEROIQVE DOIT
auoir la prudence.

CHAPITRE PREMIER.

SOCRATE le plus sage homme de la Grece auoit accoustumé de dire, que toutes les vertus estoient des prudences à cause que la prudence

conduit les actions dans la fin
de toutes les vertus , qui eſt le
but le plus noble des hommes :
mais Ariſtote auec le Poëte Heſiode dit que la ſapience eſt encore plus excellente , à cauſe
qu'elle connoiſt toutes les choſes comme elles ſont dans la nature & non point dans l'apparence.   C'eſt-elle qui nous fait
treuuer ce qui eſt le plus auantageux , & le plus vtile , par la
ſeule contemplation ; & apres
cette heureuſe operation de l'entendement , elle enſeigne & donne des regles à la prudence pour
treuuer plus facilement les moyés
de conduire les actions de l'homme à ce qu'il deſire. La ſapience ou la ſageſſe eſt comme la
Theorie de la Philoſophie Morale Politique & militaire , & la
pru-

prudence en eſt comme la pratique & l'vſage : la premiere conſiſte dans la contemplation de l'eſprit, & la ſeconde s'occupe dans
les actions ſuiuant les regles de
l'autre. Ariſtote adiouſte en ſa
morale que la premiere appartient aux Philoſophes & aux De-
uins, & la ſeconde aux Mede-
cins & aux Politiques : il met de
la difference entre vn Legiſlateur
qui donne ou eſtablit des loix,
& vn Politique qui les fait ob-
ſeruer ou les corrige : il attribuë
au premier la ſapience & à l'autre la prudence ; il conclud enfin que le premier eſt propre à la
vie ſpeculatiue, & l'autre ſeulement à l'actiue. Toutesfois comme i'ay dit que le courage peut
eſtre ſans la valeur, mais iamais
la valeur ſans le courage ; ie puis

O

de mefme affeurer que la fapience peut eftre fans la prudence,
mais iamais la prudence fans
eftre accompagnée de la fapience ; qui eft ce que nous appellons communément la fageffe
dans vn fens neantmoins trop
éloigné de l'autre , comme il fe
voit dans Montagne & Char-
ron Philofophes François ; qui
par cette erreur de langage reti-
rent le fage de la profonde contemplation , pour le ranger dans
la feule & froide conduite des
affaires ordinaires.

La fapience eft vne qualité de
l'efprit qui exerce l'entendement
à la recherche des principes des
fciences naturelles, & à la connoiffance generale de tout ce qui
eft dans la nature : c'eft vne contemplation qui rend les hommes

diuins & admirables , comme
eſtoient Moyſe, Salomon , Tha-
les , Platon , Hippocrate & Py-
thagore. Ariſtote rapporte à leur
auantage dans le premier de la
morale , ces vers du Poëte Heſiode.

Celuy qui connoiſt tout par ſon propre
genie,
Eſt ſans doute parfait : & le meilleur
apres,
Eſt celuy qui le croit & le ſuit ſans en-
uie.

Pour nous faire connoiſtre
que les hommes les plus excel-
lents & les plus dignes d'admiration dans le monde, ſont ceux
qui d'eux meſmes & par leur
propre genie penetrent heureuſement & ſçauent toutes les cho-

O ij

ſes comme elles ſont ; & que les
hommes les plus proches du merite de ces premiers qui tiennent
le ſecond rang dans l'excellence , ſont ceux qui ne pouuant
d'eux-meſmes comme les autres
penetrer dans les profondes con-
noiſſances , conçoiuent toutesfois & ſont capables de receuoir
& de ſuiure les enſeignemens ou
les preceptes qu'ils donnent. De
ſorte que ie puis adiouſter que ces
enſeignemens ou ces preceptes ne
ſont autre choſe, que les ſciences
que les profeſſeurs debitent dans
les Academies & les Auteurs dans
les liures : d'où vient que la ſapience conſiſte dans l'inuention,
la ſcience dans la Doctrine, & la
prudence dans l'application ou
de l'vne ou de l'autre : la premiere découure les choſes , la

seconde en forme des regles, &
la derniere les met en vſage. Si
dans l'Homme Heroïque la prudence ne peut ſuiure la ſapience, il faut du moins qu'elle vien-
ne apres la ſcience ; mais la prudence qui aura pour guide la ſapience, ſera plus parfaite & plus
aſſeurée que celle qui n'aura que
la ſcience pour compagne.

La prudence dans le Prince
Parfait ou Heroïque, eſt touſiours admirable. Tite-Liue rapporte en la premiere Decade, que
les Romains ont gaigné plus de
batailles par la prudence des Có-
ſuls que par la valeur des legions ; & Plutarque aſſeure que
l'entendement aigu de Themi-
ſtocles, fut la cauſe principale
de ſauuer toute la Grece de la
ſeruitude des perſes. Le Roy Sa-

lomon dans la sapience, dit que
le salut du rond de la terre consiste dans la multitude des sages
ou des sçauans personnages ; &
la Saincte Escriture nous apprend
que Dauid craignoit plus le conseil d'Achitophel , que la valeur
de son fils Absalon & de tous ses
Capitaines. Flaminius disoit en
Plutarque , que ce n'estoit point
tant le bras comme la teste d'Hannibal, qui auoit fait tant de maux
& causé tant de ruine à sa patrie;
Et la prudence d'vn seul Fabius
Maximus a esté plus salutaire à
l'Empire Romain , que le courage de tant de Consuls & de
Generaux d'armée qui en auoient
perdu les affaires.

Si i'auois ô Nestor dix Princes comme
　　vous ,

*Troye la grand. Cité seroit bien-tost
à nous.*

Disoit Agamemnon à ce Prince desia vieux & caduque. Le
Conseil du Seigneur de Vallery
en la bataille de Beneuent, as-
seura le Royaume de Naples à
Charles d'Anjou frere de sainct
Louys, comme il se voit dans
les histoires de Sommonte & de
Collenuce. D'Auila raconte que
la Reyne de France Catherine
de Medicis dit vn iour à son fils
Henry troisiéme, laissez que
i'aille moy-mesme treuuer le Duc
d'Alençon vostre frere, ie feray
plus par mes paroles que tous vos
Capitaines auec vos armées. La
pensée qu'eust Valstein de faire
auant que donner la bataille de
Lutzen, creuser hâtiuement le

foſsé d'vn grand chemin qu'il
mit au front de la premiere ligne de ſon armée, fût aſſeuré-
ment le ſalut de l'Empire & des
Catholiques, qui n'auoient plus
d'eſperance apres la perte de cette iournée. Et le Cardinal Ma-
zarin dit publiquement apres
auoir receu la nouuelle fâcheuſe
& ſenſible, de la leuée du Siege
d'Orbitelle par les François ;
pourquoy faut-il que le Comte
de Pagan ſoit maintenant in-
commodé de la veuë, ie paſſe le
reſte ſous le ſilence : il eſt vray
Grand Roy Louys Auguſte, mes
anciennes bleſſeures & les fatigues de la guerre, m'ont enfin
priué de la lumiere des yeux : mais
la prouidence qui m'a conſerué
les lumieres de l'eſprit pour me
ſoulager en cette infortune, me

laiſſe encore dans le pouuoir d'a-
gir vtilement en diuerſes occur-
rences. Iean de Luxembourg
Roy de Boheme , Giſca General des Huſſites , & l'Archeueſ-
que d'Armac en Irlande, eſtoient
comme ie ſuis à preſent : & toutefois nous voyons dans les hiſtoires , que le premier mouruſt
en la iournée de Crecy , à la teſte de l'armée du Roy Philippe
de Valois ; que le ſecond gaigna trois batailles en perſonne ,
contre l'Empereur Sigiſmond ;
& que le dernier couroit la po-
ſte de tous coſtez , pour les affaires du Concile de Trente en faueur du Sainct Siege.

La prudence dit Ariſtote en
ſa morale eſt vne habitude fondée ſur la veritable raiſon , qui
eſt capable d'agir dans le mon-

de , & qui s'occupe au bien & à
l'auantage de l'homme : ce grand
Philofophe dit que c'eft vne habitude parce que le continuel
exercice en toutes chofes ,
nous les rend comme naturelles
au rapport mefme de Vegece ; il
pourfuit que cette habitude eft
fondée fur la veritable raifon &
non point fur la fauffe , parce
que la prudence eftant vne vertu , il faut que la droite & parfaite raifon en foit de neceffité
la regle ou la mefure : Il adioufte qu'elle eft propre & capable
d'agir dans le monde & dans les
affaires , à caufe que comme la
fapience eft dans la contemplation la prudence eft dans les operations de l'homme ; il dit enfin
qu'elle s'occupe au bien & à l'a-
uantage des hommes , parce que

c'eſt le propre de la vertu ſelon tous les philoſophes, de s'exercer dans les choſes honneſtes iuſtes & raiſonnables & non point dans les autres. Mais la fineſſe contraire à la prudence eſt vne habitude fondée ſur la fauſſe raiſon, qui eſt capable d'agir dans le monde & qui s'occupe au mal & au dommage des autres pour ſon vtilité priuée : c'eſt la prudence des animaux comme dit Ariſtote & des hommes ſelon Machiauel, qui veulent s'éleuer dans les dignitez & qui manquent de vertu pour les acquerir par des voyes honneſtes & loüables ; ils n'ont point de valeur pour monter dans les honneurs, ils employent la trahiſon & la perfidie ; comme Sejan contre Germanicus qui l'empéchoit

d'aspirer à l'Empire ; & comme
le Roy philippe contre Aratus ,
qui s'opposoit au dessein qu'il
auoit d'occuper le peloponese
par fraude , selon Tacite Plutarque & Polybe.

La nature ne donne que rarement ensemble la force & la prudence , elle donne la force auec
le courage & la prudence auec
la timidité ou la foiblesse.   La
ieunesse qui à la force manque
ordinairement de prudence , &
les personnes âgées sont propres
dans les Conseils ou dans le gouuernement des affaires : Aristote
& Platon dans leur republique
ordonnent que les ieunes soient
destinez pour estre des soldats ,
& les vieux pour estre des Capitaines : Iustin rapporte en son
histoire que tous les Officiers de

l'armée d'Alexandre , auoient
plus de cinquante ans ; & Romulus fuiuant Tite-Liue & Halicarnaſſe , choiſit les plus anciens de la nobleſſe pour en faire
des Senateurs à cauſe que le grád
âge eſt touſiours accompagné de
plus grande experience. Neſtor
dans le Poëte Homere dit vn
iour au Roy Agamemnon , qui
admiroit ſa prudence & luy de-
ſiroit de la force pour la ſecon-
der.

Sçachez *Agamemnon l'honneur de tant*
de Roys,
Que les Dieux n'ont voulu me donner à
la fois ,
La prudence des vieux & la force des
ieunes.
Et dans le meſme Autheur

Vlyſſe dit ces paroles au vaillant
Achille , apres l'auoir perſuadé
d'apaiſer , comme il fit ſa colere. Vous eſtes à la verité plus vaillant que ie ne ſuis , mais ie vous
ſurpaſſe en prudence à cauſe de
mon âge & de mes longues ex-
periences.

Toutesfois la prouidence ou la
nature font naiſtre ſouuent, dans
les ſiecles des princes parfaits ou
des hommes heroïques , pour le
ſalut de l'vniuers cóme dit le Sage Roy Salomon ; qui ont à l'e-
xemple de voſtre Majeſté , la prudence des vieux & la force des
ieunes ; qui ont ces deux nobles
auantages dés le commencement
de leur ieuneſſe , & qui ont à
l'âge de vingt-quatre ans comme vous grand Roy Louys Au-

gufte ces deux qualitez admirables : comme autresfois Alexandre le Grand , Valerius Corui-
nus , Scipion l'Affricain , & le
grand Pompée.

La prudence eſt vne vertu qui
s'exerce dans les choſes preſentes & paſsées , & qui s'occupe à
penetrer dans celles de l'aduenir
par la diſpoſition ou la fimili-
tude des autres ; à cauſe comme i'ay dit au troiſiéme liure de
mon Aſtrologie Naturelle , que
du ſouuenir des choſes paſsées &
de la contemplation des choſes
preſentes , ſe forme le iugement
des choſes futures. Ariſtote en
ſa morale approche du ſenti-
ment que ie declare en ce paſſage , mais l'authorité d'Homere
le rendra plus confiderable , par
le témoignage de Polydamas qui

eftoit le prince de tous les Troyés
le plus eftimé pour fa prudence;
à caufe dit ce fameux Poëte qu'il
auoit la connoiffance des chofes
paffées & futures, n'adiouftant
rien d'auantage parce que la force d'vne Sentence confifte dans
le bon fens, & la pointe dans le
peu de paroles qui le declarent.
Demofthene eftoit fans reputation entre les Orateurs d'Athenes, quoy que fon éloquence ne
cedaft point à celle des autres :
il fit vn iour vne harangue comme il fe voit dans Plutarque en
faueur des alliez de la republique, & pour donner plus de credit à fon opinion il l'autorife
d'vne infinité d'exemples des hiftoires paffées ; dont il accreût fi
fort fa renommée parmy les Atheniens, que fa gloire fuiuant le
témoi-

témoignage de Ciceron n'a iamais eu de pareille. De sorte qu'il est facile à conceuoir que de la profonde imagination & de la puissante memoire, se forme la solidité de l'entendemét qui doit iuger & connoistre de l'aduenir, ou plus ou moins parfaitement que ces deux premieres facultez de l'esprit seront ou plus ou moins excellentes.

Il faut donc que l'Homme Heroïque ayt encore cét auantage, d'auoir la sapience pour connoistre les choses presentes, la science pour sçauoir parfaitement les passées, & la prudence pour iuger sainement des futures : il faut que l'art & la nature luy donnent ces trois qualitez excellentes, c'est à dire la naissance & la culture : entre

P

deux terres également fecondes,
la mieux cultiuée fera toufiours
la meilleure. Il faut enfin qu'il
poffede éminemment la prudéce
pour la ioindre à fon grand courage, & pour moderer par fois
les ardeurs de fa vaillance extraordinaire; afin d'éuiter les mal-
heurs qui n'arriuent que trop fouuent comme dit Hannibal à Scipion dans Polybe, à ceux qui
ont trop de confiance à leurs
propres forces : comme le redoutable fils de Priam qui rejetta le
falutaire confeil que luy donnoit Polydamas, de retirer fa
perfonne & fon armée dans les
murailles de la ville : comme
Terentius qui vouluft donner la
grande & importante bataille de
Cannes, contre la volonté du
Conful Æmilius & des autres

Officiers de l'armée Romaine ;
comme les Capitaines de l'armée des Macedoniens , qui obli-
gerent le Roy Philippe à donner
contre son opinion la bataille
des Cynocephales : comme Ful-
uius qui combattit mal-heureu-
sement auec Hannibal , contre
le sentiment ou la volonté des
principaux Officiers de l'armée
selon Tite-Liue en la troisiéme
Decade : comme les Senateurs
qui presserent auec importunité
le grand Pompée , d'en venir à
la bataille de Pharsale contre les
aduis d'vn si prudent & si sage
Capitaine : comme le Roy Philippes de Valois qui donna la
bataille de Crecy , contre les
Conseils & les persuasions de tant
de Princes & de noblesse de son
armée : comme les Seigneurs

François de l'armée du Comte de Mont-Penfier Viceroy de Naples, qui par leur infolente importunité porterent ce Prince d'en venir au combat General, qui nous fit perdre ce Royaume: & comme le General Bec en nos dernieres guerres de Flandre, qui par fon ardeur inconfiderée força l'Archiduc Leopold de donner en defordre la bataille de Lens, contre le Prince de Condé General de l'armée du Roy Louys Augufte; qui eft orné de tant de prudence & de fageffe, que la fortune ne pourra iamais le furprendre; qui eft accompagné de tant de fcience & d'experience, que les deftinées ne pourront iamais le furmonter; & qui eft enfin éclairé auec tant d'auantage, que dans vne fi grande ieuneffe

il eſt à couuert des choſes fortui-
tes. Conformément à ces trois
belles Sentences de Tite-Liue de
Paterculus & de Comines : que la
fortune ne voulant point changer la force de ſes Arreſts , con-
fond l'eſprit & la raiſon des plus
grands Capitaines : que la prouidence oſte lors l'entendement
aux hommes & dépraue le Conſeil de ceux de qui elle veut ruiner la fortune : & que Dieu voulant châtier ou punir vn Monarque , luy oſte auparauant l'eſprit
& la bonne conduite.

P   iij

L'Homme Heroïque doit auoir la Iustice.

CHAPITRE II.

ARistote declare en ses morales que la iustice est la Reyne de toutes les vertus, Socrate en Xenophon que c'est la regle ou la mesure de toutes nos actions , & Seneque en ses Epistres que c'est la raison dans tous les ouurages de la nature. Moyse nous enseigne dans l'Escriture Saincte , que Dieu a tout fait en poids en nombre & en mesure. Homere introduit Iunon parlant de la sorte à Themis la Deesse , allez seulement, & prenez garde de bien faire dans les banquets des Dieux les portions égales ; & Mahomet dit souuent en ses liures, pesez de bon poids mesurez de bonne mesure. Daniel le Prophete commande au Roy de Babylone pour luy faire meriter le pardon de ses fautes , de faire iustice à ses peuples & d'assister les pauures. Cambise ordonne à Cyrus son fils, d'auoir tousiours plus d'égard à la Iustice qu'à la bien-seance. Et Aristides interrogé qu'elle estoit la meilleure qualité d'vn General d'armée ; c'est d'estre iuste respond - il en Plutarque. Agesilaüs Roy de Lacedemone refusa le commandement de l'armée qui alloit pour secourir la Cadmée contre les Thebains , disant que la cause de cette guerre n'estoit pas iuste;

& vne autrefois il répond à Phar-
nabafe qui parlant d'Artaxerces
l'appelloit felon la couftume de
perfe le grand Roy, eft-il plus
iufte que moy pour eftre plus
grand Roy que ie ne fuis. Tite-
Liue affeure en la premiere Decade que les Romains auoient
acquis diuerfes villes, par la reputation de leur bonne Iuftice.
Themiftocle propofant vn iour
aux Atheniens vn deffein fort
auantageux pour la republique,
mais dangereux à le communi-
quer à tant de perfonnes; ils luy
ordonnerent d'en parler au long
auec Ariftides pour leur rapport-
ter s'il eftoit faifable : ce grand
perfonnage l'ayant appris dit en
pleine affemblée, que le deffein
de Themiftocles eftoit veritablement vtile & poffible à la repu-

blique, mais qu'il n'eſtoit pas iuſte ; Surquoy les Atheniens le re-
ietterent. Et Dieu Noſtre Sauueur en ſon Euangile nous apprend que ceux-là ioüiront du
Royaume des Cieux, qui ſouf-
friront pour garder la Iuſtice.

Le Roy Salomon dans la Saincte Ecriture & l'Empereur Trajan dans les Hiſtoires Romaines,
ſont extraordinairement eſtimez
pour la iuſtice qu'ils ont exer-
cée. Les Annaliſtes de France ſe
glorifient & ſe plaiſent à raconter la bonne Iuſtice que le Roy
ſainct Louys auoit accoûtumé
de rendre à ſon peuple, ſous les
arbres du bois de Vincenes.
Charles Duc de Calabre fils de
Robert Roy de Naples exerçoit
la Iuſtice auec tant de ſageſſe &
d'aſſiduité, que pour monument

de fa gloire immortelle on voit
encore auiourd'huy dans Saincte
Claire de Naples , le Loup & la
brebis grauez fur le tombeau de
ce Prince qui boiuét dans vn mefme vafe. Herodote recite que
Deioces à caufe de fon excellente iuftice, fut creé par la nobleffe & les peuples , Roy des Medes ; & que Cambife Roy de
Perfe en fuft fi rigoureux obfer-
uateur qu'il fit écorcher le premier Prefident de fa Cour fou-
ueraine, pour vne iniuftice qu'il
auoit faite en fes iugemens , &
qu'il fit couurir de fa peau le fie-
ge de fon tribunal pour feruir
d'exemple & de terreur aux autres qui rempliroient la mefme
place. La Cour des Areopages
d'Athenes eftoit en telle reputation pour fa iuftice , que l'Apô-

tre Sainct Paul voulust l'honorer
luy-mesme de sa presence. Et le
Senat de Rome estoit en telle
veneration pour son admirable
Iustice, que les Citez libres luy
demandoient souuent des Preteurs & les Roys les plus éloi-
gnez des arbitres. Aristides General de l'armée des Atheniens
comme il se voit dans Plutarque,
gardoit tant de Iustice en ses déportemens enuers les alliez de la
republique, que la plufpart des
villes de la Grece abandonnerent les Lacedemoniens pour se
donner aux Atheniens ; dont ce
grand personnage fust tousiours
appellé depuis à cause de sa vertù
Aristides le Iuste, de mesmes
que Louys le Iuste le feu Roy
de triomphante memoire digne
pere de vostre Majesté ; à cause

du grand foin qu'il auoit dés le
commencement de fon regne,
de faire obferuer la iuftice, qui
eft la plus noble de toutes les
vertus & la plus diuine, parce
qu'elle eft la plus neceffaire & la
plus vtile dans le monde & dans
la nature.

La Iuftice eft vne vertu qui s'e-
xerce dans les biens & fur la perfonne des hommes, & qui s'occupe à rendre les chofes égales
& reciproques. Samuël fait em-
mener en fa prefence Agamelec
pris à la guerre par le Roy Saül,
& le met à mort de fa main luy
difant ces paroles; comme ton
glaiue à laifsé plufieurs meres fans
enfans, le mien laiffera la tienne
fans fils. Et le Sauueur nous dit,
en l'Euangile ne faites point à
vn autre, ce que vous ne vou-

driez pas que l'on fist à vous-
mesme. Aimez si vous voulez
estre aimé, dit Echaton le Philosophe ; & la saincte Ecriture
si les hommes donnent la gloire
à Dieu dans le Ciel, Dieu donne
aux hommes la paix sur la terre.
Elle adiouste ailleurs que celuy
qui tuëra les autres du glaiue, sera tué luy-mesme du glaiue. Pho-
cas oste la vie à l'Empereur Maurice, Heraclius fait oster à Pho-
cas la vie comme il se voit dans
Nicephore. Et nous lisons dans
Arrian que Bessus qui auoit mis
à mort le Roy Darius, fût remis
entre les mains de ses parents par
le commandement d'Alexandre,
pour estre traitté de la mesme
forte. Mais quoy sera-il necessaire d'employer tant d'exemples?
ne sçait-on pas ce que portent

les loix en toutes les nations &
dans tous les Royaumes? ne voit-
on pas dans la Saincte Ecriture les
ordonnances de Moyfe pour les
Iuifs ? dans l'hiftorien Diodore
celles de Menas pour les Ægip-
tiens , dans Polybe celles de Minos pour ceux de Crete, dans les
Vies du plutarque celles de Ly-
curgue pour les Lacedemoniens,
& de Solon pour les Citoyens
de la ville d'Athenes ; dans Tite-Liue celles de Romulus de
Numa & des douze tables pour
les Romains , dans le Code & le
Digefte celles de l'Empereur Iu-
ftinian pour tout l'Empire , &
dans les Decretales toutes celles
de Gregoire neufiéme de Boniface huictiéme de Clement cinquiéme & de Iean vingt-deuxié-
me pontifes.

La iuftice a deux principales parties felon le philofophe Ariftote, la commutatiue & la diftributiue : la premiere appartient au cómerce & à l'échange : ayant pour fa regle ou fa raifon, le poids le nombre & la mefure : & la feconde conuient aux Roys aux Princes & aux Magiftrats pour la diftribution des peines & des recompenfes, ayant pour fes fondemens la loy la raifon & la nature. D'où vient que la Iuftice n'eft point abfolument vne vertu comme dit Ariftote, puifque fon operation dépend auffi des qualitez naturelles ; d'autant qu'il faut la fapience pour connoiftre la nature, la fcience pour entendre les loix, & la prudence pour dreffer la raifon fur la conuenance des autres. La iufti-

ce commutatiue estoit anciennement toute en échange, sans
estre mélangée comme elle a esté
depuis par la monnoye de cuiure
d'or & d'argent pour en faciliter le commerce. Elle estoit fondée sur la valeur des animaux les
plus communs à nostre vsage,
Homère raconte en son Iliade
que la cuirasse d'or que Diomede receut de Glaucus estoit de la
valeur de cent bœufs, & que
celle que Glaucus receut de Diomede n'en valoit seulement que
neuf ; & les histoires anciennes
des Romains nous apprennent
que le nom de Pecune, fut attri-
bué à la premiere monnoye de
metal faite en Italie, à cause de
la similitude du nom latin des
brebis qui seruoient auparauant
à donner la valeur ou le prix à
toutes

toutes chofes. A quoy ie
puis adioufter que le commerce de la plus part des In-
diens du nouueau monde , fe
fait encore à prefent auec les
grains du Maiz & autres femblables qui font au lieu de monnoye dans le Royaume du Perou
& dans la Prouince de Mexique.

Les deux points principaux &
qui feruent de fondement à toute la iuftice , font de n'offencer
perfonne & de rendre à chacun
le fien : le premier regarde le
corps qui eft le bien propre de
l'homme , & l'autre confidere
les facultez qui font les biens ex-
terieurs & toutesfois neceffaires.
Le premier qui eft de n'offencer
perfonne fe voit authorifé dans
le Poëte Homere , qui met ces

Q

paroles en la bouche d'Agamemnon parlant au fort & courageux Achille.

Si les Dieux t'ont doüé de force & de
   courage,
Par deſſus les mortels auec tant d'auan-
   tage ;
Ils ne t'ont point donné le pouuoir d'of-
   fencer,
Ny le droit que tu prends d'ainſi nous
   menacer.

Mais le ſecond qui eſt de rendre à chacun le ſien , ſe treüue recommandé par la verité meſme de l'Euangile ; où le Sauueur commande à ſes Diſciples de rendre à Ceſar ce qui eſt à Ceſar & à Dieu ce qui eſt à Dieu , ſur le ſujet des tributs du prince & des oblations du temple. Dieu

a crée l'homme à son Image &
semblance, afin comme dit la
Saincte Escriture qu'il preside sur
les animaux de la terre, & non
point sur les hommes adiouste
sainct Ambroise; si par leurs deffauts ou leurs vices, ils ne se
rendent pareils aux animaux de
la terre. Aristote nous asseure au
premier de sa morale & Seneque
par tout dans ses ouurages, que
les hommes qui s'abandonnent
aux voluptez ou à la sensualité
sont tenus au rang des bestes
brutes. Saluste en la preface de
son Histoire nous fait connoistre; que ceux qui n'exerce point
l'esprit auec le corps sont comme les animaux : & Platine en
la vie des Pontifes nous fait entendre par l'exemple de Robert
Roy de France, qu'vn Prince

qui n'a point de sciences ou de
lettres est comme vn Lyon farouche qui regne sur les autres
bestes.

D'où vient qu'au commen-
cement des nations les hommes
viuoient sous la Monarchie comme il se voit dans Iustin, & que
les Roys paruenoient à la souue-
raine puissance par la Iustice ou
la modestie. L'homme dit Aristote est vn animal sociable, &
Pline auec sainct Ambroise qu'il
faut vn chef dans les societez, à
l'exemple des Elephans des Abeilles & des gruës. Le grand
sainct Augustin nous apprend
que la nature est le premier liure de Dieu ; sainct Antoine
montrant à l'Empereur Constá-
ce le Ciel & les campagnes voisines, luy dit que c'estoit sa bi-

bliotheque ; & fainct Gregoire
le Grand nous affeure en fes ouurages qu'on lit dans les élemens
de la nature , les fuprémes &
diuines volontez comme en des
affiches publiques. Ariftote declare en fa morale que la iuftice
n'eft autre chofe que la raifon ,
& Seneque le Philofophe que la
raifon n'eft autre chofe que la
nature : il adioûte encore ces paroles fi vous fuiuez la nature pour
guide vous ne tomberez iamais
dans l'erreur , tout ce qui eft iufte
& raifonnable eft felon la nature , & tous les vices font contre
la mefme nature. Sainct Auguftin écrit en fes Confeflions que
tout ce qui eft contre la nature
eft contre Dieu , & que tout ce
qui eft felon la nature eft auffi
felon Dieu, fuiuant l'opinion de

fainct Thomas qui eſt conforme
à cette Doctrine : ce qui nous
fait enfin connoiſtre par tant
d'authoritez, que l'Empire la iuſtice & les loix, ſont du reſſort
de la nature & de la prouidence.

Il faut donc que l'homme Heroïque ou le Prince parfait s'ad-
donne principalement à la iuſtice, qui eſt la Reyne de toutes
les vertus, la cauſe de l'abondance, la ſource de l'humaine
felicité, l'aſſeurance des peuples,
& la mere des loix des ſciences
& des lettres : il faut qu'il ait vn
ſoin tout particulier de la iuſtice
commutatiue, en faueur du commerce de la marchandiſe & des
viures, qui ont accouſtumé d'en-
richir & de peupler les Royaumes ; comme auſſi de la iuſtice

diſtributiue , ſoit au regard de
ceux qui meritent les charges les
dignitez & les Offices , ou pour
le châtiment des autres qui ont
démerité la peine & le ſupplice.
Il faut enfin ne pouuant non plus
que Moyſe & Tibere prendre
ſur ſoy le fardeau de tant de differentes Iuſtices , qu'il ait du
moins la bonté à l'exemple du
ſouuerain Maiſtre de l'vniuers ;
de veiller inceſſamment à ce que
le deſordre ou la corruption ne
ſe gliſſent, dans le cœur de ceux
qui ont la charge de l'admini-
ſtrer ou de la rendre : comme
Alexandre le Grand qui au retour de la conqueſte des Indes ,
corrigea ſeuerement les Princes
qui auoient abuſé de la iuſtice
dans les Prouinces de la Perſe:
comme Iules Ceſar qui enuoyoit

fecrettement dans les maifons
des Seigneurs & de la nobleffe de
Rome, pour fçauoir au vray fi
les banquets ou les repas ordinaires eftoient par tout refor-
més fuiuant fes ordonnances
nouuelles : comme les Empereurs des Turcs à Conftantinople qui ont vne feneftre auec vn
rideau fur le Diuan ou la falle
du Grand Confeil de leur Empire, pour tenir en crainte fur le
doute de leur prefence les Vifirs
ou les Iuges qui donnent les Ar-
refts de la Iuftice : comme Henry le Grand qui par vne extréme
diligence recherchoit les moyens
de retrancher la dépence & la
longueur des procés, en la Iuftice de fon Royaume : & comme
Voftre Maiefté grand Roy Louys
Augufte qui dans les foins ad-

mirables qu'elle prend des affaires de fon eftat & de la iuftice,
nous fait efperer de voir vn iour
triompher la Deeffe Themis dans
le chariot pompeux de la France auec les Dieux Mars & Minerue.

L'Homme Heroique doit auoir la
Continence.

CHAPITRE III.

Oyfe nous apprend en
l'Efcriture Sainɗte que
Dieu a placé l'homme dans vn
iardin de voluptez & dans vn
Paradis de delices, à caufe de
l'agreable douceur & faueur des
fruits qu'il nous rapporte. Epi-
cure apres Ariftote nous enfeigne

que les vertus font des voluptez,
parce qu'il faut fe plaire dans les
vertus afin qu'elles foient telles.
Et le Roy Salomon dans l'Ecle-
fiafte femble vouloir nous confeiller, de boire de manger & de
nous réjoüir en ce monde. La
Prouidence ou la nature qui trauaillent toufiours pour la fin generale des chofes, ont accompagné les deux actions les plus
effentielles des animaux de deli-
ce & de volupté, pour adoucir
la peine ou la douleur qui fe treuuent dans les foins de conferuer
les Indiuidus ou de perpetuer les
Efpeces. La fenfualité de nos appetits procede de la nature comme celle des animaux, elle n'a
point d'autre confideration dans
le manger que le plaifir de rem-
plir le ventre, & dans les amours

que la volupté des paſſions qui
nous emporte : mais la raiſon qui
eſt en nous & qui participe de la
diuinité ſuiuant Ariſtote Platon Socrate & Seneque , nous
enſeigne que la fin la plus noble
du manger c'eſt d'entretenir la
vie , & de l'amour d'auoir des
enfans pour conſeruer eternellement noſtre eſpece. Or comme ces deux paſſions ſont les plus
fortes de toutes les paſſions qui
trauaillent les hommes , & qui
les plongent ſouuent à l'exemple des animaux , comme dit
Ciceron & Saluſte , dans les bru-
tales fureurs de tous les vices qui
les accompagnent : il faut con-
ſiderer deux parties dans la continence , l'vne qui regarde les
appetits de l'amour qui eſt la continence meſme , & l'autre la vo-

lupté du boire & du manger qui est la temperance selon Aristote en sa morale, sainct Thomas en la Seconde de la Seconde, & tous les Philosophes qui ont écrit de cette noble science.

La Continence est vne vertu qui s'exerce dans les delices de l'amour, & qui s'occupe à combattre les charmes d'vn beau visage : Elle apporte de la moderation & de la modestie en l'vsage des affections legitimes, & s'oppose puissamment comme dit Seneque aux passions qui nous sont deffenduës ou par les loix ou par la nature. Elle paroist d'autant plus admirable dans les Roys ou les Princes, que leur puissance est absoluë ; & Pline en son Panegyrique de Trajan le plus digne des Empereurs, le témoigne en ces paroles. Cefar plus vous auez de puiſſance moins vous prenez de licence, s'il eſt de la felicité de pouuoir tout ce que l'on veut, il eſt du ma-gnanime comme vous de ne vouloir que ce que l'on peut, ou pluſtoſt de ne vouloir que ce que l'on doit faire. Il faut donc que l'Homme Heroïque ſoit parfait en cette vertu com-me en toutes les autres, qu'il ſoit comme Cyrus en Xenophon qui combat les beautez de la Rey-ne Panthée ſa priſonniere ; com-me Alexandre le Grand qui fuyt à deſſein la rencontre des yeux de la Reyne de Perſe, de peur diſoit-il d'en receuoir les bleſ-ſeures ; comme Abimelec en l'Eſcriture ſainᶜte qui reſiſte aux

beautez de la fœur d'Abraham,
apres auoir fçeu qu'elle eftoit fa
femme ; comme Scipion en Efpagne qui renuoye fa belle pri-
fonniere au Prince Andobale ,
pour l'époufer fuiuant leurs promeffes ; comme Augufte Cefar
qui tient ferme & fans s'émouuoir , contre les charmes de la
Reyne d'Egypte ; & comme le
Roy fainct Louys qui n'eut iamais d'amour , que pour la Reyne Marguerite fa femme.

Mais le vice contraire felon
Ariftote dans le feptiéme de la
morale eft l'incontinence , qui
nous porte fouuent contre l'honneur le deuoir & la bien-feance,
à des amours déreglez : comme
le Prophete Moyfe qui fût publiquement repris & blâmé de Marie fa propre fœur , pour la fem-

me Æthiopienne qu'il auoit parmy les siennes : comme Sanson
prince des Iuifs qui ne pouuant
se corriger en ses passions débor-
dées, tomba dans les mal-heurs
de la seruitude & de la mort :
comme le Roy Dauid qui tout
âgé qu'il estoit, ne put admirer sans crime les beautez ado-
rables de Betsabée : comme Paris Alexandre qui charmé des at-
traits de la belle Reyne de Spar-
the, viola les droits de l'hospi-
talité par son rauissement, & porta le flambeau dans l'Asie, pour
embraser la ville de Troye, &
consommer sa maison Royalle :
comme Salomon le plus sage de
tous les Roys qui ne put refuser
à ses femmes idolatres, de sacri-
fier aux idoles : comme Sextus
fils de Tarquin le superbe qui par

sa brutale passion, obligea Lucrece à se tuër & les Romains à le chasser du Royaume auec son pere : comme Appius Claudius le premier entre les Decemuirs qui brûlant des amours de Virginie, se porta dans les violances qui causerent la mort à cette innocente & à luy-méme dans les prisons de Rome : comme Siphax Roy de Mauritanie qui preferant les beautez de Sophonisbe à l'alliance des Romains , perdit son Royaume sa femme & sa vie : comme Antonius qui par les amours de Cleopatre causa tant de guerre & fit tant de lachetez, qu'il fût enfin reduit à la necessité de se donner la mort & de renoncer à l'Empire : comme Valentinian troisiéme qui fût tué par Maximus prince Romain, dont

dont il auoit publiquement des-
honoré la femme : comme Roderic Roy des Gots en Espagne
qui pour auoir indignement abu-
sé de la fille du Comte Iulian
Gouuerneur de Mauritanie; fust
cause de la mort de sept cens mille personnes & de la perte de sa
vie & de son Royaume conquis
par les Arabes : comme Charles
Premier Roy de Naples qui trop
adonné à la joüissance des femmes honnestes & de qualité, obligea le Seigneur de Procyte à ménager la coniuration des Ves-
pres Siciliennes, où tant de François furent massacrez & cette
Isle perduë. Et comme Charles
V. Roy de France qui preferant
les beautez de Ieanne de Bour-
bon aux grandeurs de Marguerí-
te de Flandres, établit vne puis-

R

sance qui causa tant de ruines à ses enfans & tant de calamitez à son Royaume.

Quant à l'autre partie de la continence qu'Aristote auec tous les Philosophes & les Theologiens appellent temperance, on peut dire que c'est vne vertu qui s'exerce dans les voluptez du boire & du manger & qui s'occupe à moderer les appetits de la bouche & du ventre. C'est le fondement de toutes les vertus, la cause de la santé du corps & de l'esprit, & le commencement du Iuste & de l'honneste : d'où vient que Ciceron parlant de Cesar dit vne fois ces paroles, que c'estoit le premier homme sobre qui eut entrepris contre sa patrie. Iustin ne manque pas de loüer les anciens Espagnols, qui

ne mangeoient que du gland ro-
fti fous la cendre. Florus dit ces
magnifiques paroles d'vn Conful Romain qui viuoit ordinairement de raues rofties, c'eftoit
Curius Dentatus ; qu'il auoit
conquis tant de terres & de Prouinces, que s'il n'eût affuietty
des hommes pour les habiter
qu'elles feroient defertes. Polydamas de Pharfale parlant aux
Lacedemoniens comme il fe voit
dans l'hiftoire de Xenophon, à
la loüange de Iafon Prince de
Pheres en Theffalie ; dit entre les
bonnes qualitez d'vn fi vaillant
Capitaine, qu'il mangeoit peu
& trauailloit beaucoup. Et Iofephe rapporte en fon hiftoire Iu-
daïque que Iules Cefar Conful
Dictateur & Empereur des Romains, ce font les termes de

l'Arreft ; deffendit les tauernes & les cabarets dans tout l'Empire, afin d'ofter vne fi mal-heureufe occafion à la débauche des peuples : Que ce fût vn iour le plaifir de noftre glorieux Monarque, d'imiter Cefar en ce poinct comme il fait fi heureufement en tous les autres.

Peut-eftre qu'il fera bon de parler en cét endroit contre le vin, la fource de toutes les débauches, le fondement de tous les vices, la caufe de toutes les maladies, enfin le plus grand ennemy de l'homme témoin ces deux vers de Properce.

Le vin perd la beauté la ieuneffe & la vie,

La force la vertu l'efprit & le genie.

Que ie pourrois autorifer par des raifons Phyfiques & naturelles, si mon loisir me permettoit d'en faire vn iuste volume : & toutesfois pour montrer que son vsage n'est point necessaire à la vie , i'exposeray en cét endroit les exemples qui suiuent. La Saincte Escriture nous apprend que le grand Sacrificateur estoit obligé de s'abstenir de vin trois iours durant , pour entrer plus dignement au Sanctuaire du temple. Que ceux qui se consacroient au Seigneur par le vœu du Nazarien , estoient obligez de renoncer à son vsage. Et que tous les Prophetes ne prenoient iamais de cette liqueur , mais de l'eau toute pure pour boire : comme il se void du Prophete Helie dans l'histoire des Roys , qui fust quarante iours dans vne cauerne de la montagne de Sinaï ; où

l'Ange du Seigneur luy portoit
chaque iour pour fa vie, du pain
de la chair cuite & de l'eau pure:
du Prophete Ieremie qui dans les
menaces qu'il fait à Ierufalem
luy reproche entre fes autres crimes , que fes Preftres fe font
enyurez & que fes Prophetes ont
bû du vin : du Prophete Daniel
témoin fes liures qui obtint par
grace du Maiftre d'Hoftel du
Roy Nabucodonofor , de ne le
point obliger à boire du vin tant
qu'il feroit dans le Palais Royal
pour la raifon qu'il en donne :
& du Prophete Ezechiel qui
dans le projet de la reftauration
du temple & des facrifices , def-
fend l'vfage du vin pour iamais
à tous les Preftres.

D'auantage il fe voit dans Ieremie que ce Prophete ne man-

que pas de loüer publiquement
les Rechabites qui ne beuuoient
iamais de vin , à caufe du vœu
que leur pere Ionadab fils de Re-
cab en auoit fait au Seigneur ,
pour luy & pour toute fa famille. On voit auffi dans le nouueau teftament que l'Ange Gabriel dit à Zacharie dans le Sanctuaire du temple , qu'il auroit
bien-toft vn fils nommé Iean
Baptifte, qui feroit fort agreable
à Dieu pour la Saincteté de fa
vie , à caufe en partie qu'il ne
boiroit iamais de vin mais toufiours de l'eau pure. Que l'Apoftre fainct Paul dit en fes Epiftres , que ceux qui ne boiuent
point de vin font bien , mais que
ceux qui en boiuent ne font pas
mal ; & toutesfois il eft plus noble de bien faire que de ne point

mal faire : il conseille à Timo-
tée d'vser par fois du vin pour
remede à son estomach , mais
c'est vn argument que Timo-
tée n'en beuuoit point du tout ;
& à son exemple vne infinité de
Chrestiens de la primitiue Eglise qui faisoient scrupule d'en
boire , tesmoin ces paroles du
mesme Apostre ; si en beuuant du
vin vous donnez du scandale à
vos freres , n'en beuuez point.
Que si le Sauueur du monde a
beu du vin sur la terre , c'estoit
pour faire connoistre qu'il estoit
homme comme les autres du
costé de l'humanité ; & pour éuiter les reproches ou les iniures
que les Iuifs disoient de sainct
Iean Baptiste , par le témoignage de sa diuine parole quand il
dit de cette ingrate nation trop

difficile à contenter ; Iean ne
beuuoit que de l'eau ils ont dit
qu'il auoit le diable , le fils de
l'homme boit du vin ils difent
que c'eft vn yurogne ; Et toutesfois il fait connoiftre le peu
d'eftime qu'il en faifoit , par le
refus qu'il fit au commencement
à la Vierge fa mere de faire le miracle du vin aux nopces de Cana
de Galilée. Egefippe raporte en fon
hiftoire , que l'Apoftre fainct Iac-
ques qui eft appellé dans la Saincte Efcriture le frere du Seigneur
auoit efté fanctifié dans le ventre
de fa mere , & pour marque de
ce glorieux auantage qu'il n'auoit
iamais beu de vin durant tout le
cours de fa vie ny d'autre liqueur
mélangée, mais toufiours de l'eau
fimple. Enfin les Anachorettes
& tous les Moynes des premiers

fiecles, n'ufoient point de cette liqueur & viuoient de longues années.

Homere parlant en fon Iliade du fang qui fortoit de la blef-feure de la Deeffe Venus , dit que c'eftoit vn fang qui n'eftoit point fait de chair & de vin comme le noftre , mais de Neƈtar & d'Ambroifie & que c'eft pour cela qu'ils font Dieux : il ajoufte ailleurs qu'Heƈtor arriuant du camp aupres de la Reyne Hecube fa mere luy répondit ces paroles, ne commandez point que l'on m'apporte du vin pour me rafraîchir , de peur que cela ne m'afoibliffe & ne m'empefche de bien faire c'eft pourquoy ie viens à la ville , c'eftoit pour vn facrifice à Minerue. Cefar rapporte en fes Commentaires que la

Germanie eftoit de fon temps
toute fans vignes, & que les Allemans deffendoient l'entrée du
vin dans leur Prouince ; à caufe
difoit cette genereufe natió qu'il
rendoit les hommes effeminez
dans les combats & lâches
dans les trauaux de la guerre. Et
Mahomet en fon Alcoran, commande à fes peuples de ne boire iamais de vin ny d'autre liqueur qui enyure, parce que cela les empefcheroit de veiller ou
de paffer la nuiᶜt en prieres : il
leur promet auffi les delices d'vn
Paradis où coulent des fleuues
de laiᶜt & de vin, mais d'vn vin
qui n'enyure point. De plus Herodote raconte en fon hiftoire,
& Xenophon dans la Cyropedie , que les Perfes n'ufoient
point anciennement de cette li-

queur non plus que les Gaulois
du temps du premier Roy Tarquin selon Tite-Liue. Et les Carthaginois auoient vne Loy qui
deffendoit sur peine de la vie à
leurs Capitaines ou Generaux
d'armée, de ne boire iamais de
vin tant qu'ils seroient dans le
commandement ou la charge :
i'en citerois volontiers l'autheur
qui le rapporte, si la seule memoire ou presence de mon esprit me le faisoit treuuer ; parce
qu'en la composition de cét ouurage comme en la pluspart des
autres, ie n'employe que mes paroles & la main de celuy qui les
écrit à la hâte.

Solon commande en ses loix
d'Athenes de tuër impunément
vn Citoyen, qui sera treuué trop
chargé de vin dans les ruës. Fau-

nus Roy des Aborigenes ou des Latins, mit à mort Fatua ſa femme pour auoir bû du vin ; & Mecenius Cheualier Romain tua la ſienne pour le meſme ſujet, d'où vint la loy que Romulus fit contre les femmes de ne boire iamais de vin ſur peine de la vie. Vn Citoyen venant à mourir dans Rome ſes parents s'en abſtenoient durant deux mois, & ſi c'eſtoit l'Empereur tout le peuple en general gardoit cette abſtinence. Bodicea parlant aux Bretons ſoûleuez auec elle leur dit en mépriſant les Romains, qu'ils auoient l'vſage de l'huille & du vin & que l'Angleterre eſtoit exempte de cette moleſſe comme il ſe voit dans Tacite. Eutrope en ſon hiſtoire apres Iule Ceſar raconte des Neruiens la plus vaillante nation de la Gaule Belgique , qu'ils n'auoient point l'vſage du vin & qu'ils en auoient deffendu l'entrée dans leur Prouince , de crainte d'amolir leur courage.   L'Empereur Adrian tout armé qu'il eſtoit faiſoit à pied ſept ou huict lieuës par iour à la teſte de ſon armée , ſans boire autre choſe que de l'eau trempée ſeulement d'vn peu de vinaigre , ainſi que le moindre ſoldat ; à cauſe que le vin n'entroit iamais dans les prouiſions du camp des Romains témoin Vegece & Polybe : enfin nous voyons dans les capitulaires de Charlemagne & de Louys le debonnaire cette ordonnance , que nul des François dans le camp ne force à boire ſon camarade ny toute autre perſonne. A

quoy ie puis ajoûter que l'on ne
boit iamais de vin dans le fer-
rail de Conftantinople , où le
grand Seigneur nourrit plus de
treize mille bouches , le mefme
eftant de la Perfe & de la plus
grande partie du rond de la terre.
Il faut donc que l'Homme Heroïque ou le Prince Parfait fe
deffende contre ce mortel ennemy de fa gloire , à l'exemple de
Voftre Majefté & des autres perfonnes Royales ; qui dans le cen-
tre de Paris & d'vn Royaume fi
plongé maintenant dans l'amour
de cette liqueur, ne boiuent ordinairement que de l'eau pure.

L'homme Heroïque doit estre liberal &
Magnifique.

CHAPITRE IV.

IL faut parler maintenant des richeſſes & des auantages qu'elles apportent dans le monde, quand elles ſont conduites & menagées par la raiſon & la prudence : car ſi les autres vertus ſe rendent d'autant plus excellentes qu'elles ſont exercées, il eſt au contraire de la liberalité qui perd ſes forces dans l'exercice. La vertu ſelon Ariſtote conſiſte dans les actions, & la volonté de donner ne fait pas l'homme liberal c'eſt le donner meſme. La Philoſophie nous enſeigne

gne que le propre du bien c'eſt
d'eſtre communicable , & tout
ce qui eſt excellent dans la nature ſe communique de ſoy - meſme : le ſoleil nous fait part
de ſa lumiere de ſa chaleur & de
ſon influence ; la terre nous offre heureuſement tout ce qui eſt
neceſſaire à la vie ; la mer nous
preſente ſes commoditez ; & les
montagnes les plus arides nour-
riſſent en leur ſein, l'or l'argent
le fer & le cuiure. Pline en ſon
hiſtoire naturelle ne peut aſſez
admirer la fecondité de la terre,
il employe ſon éloquence pour
la nommer ſouuent la mere
douce & pitoyable des hommes ; il dit qu'elle a le ſoin de
nous entretenir pendant la vie &
de nous receuoir apres la mort

S

dans fes entrailles ; mais ne fçachant comment la loüer du poi-
fon qu'elle donne en fes plantes,
il s'efforce à nous perfuader que
c'eft par vn charitable deffein de
nous offrir ce doux moïé de fortir
de la vie, quád elle eft à charge ou
trop miferable : comme il paroift
en l'exemple de l'Orateur Demofthene de la Reyne Sophonifbe
& de Cleopatre Reyne d'Egypte, le premier pour fe fouftraire
à la cruauté des ennemis témoin
Plutarque en fa Vie, & les deux
autres pour échapper à la honte
de fuiure le char de triomphe de
Scipion & d'Augufte dans Rome, felon Tite-Liue & Suëtone.

La liberalité dans les termes
communs des Philofophes eft
vne vertu qui s'exerce dans l'v-

fage des facultez ou des richeffes,
& qui s'occupe à donner ou à
receuoir auec raifon & mefure :
mais la difference qui eft entre
la magnificence & la liberalité
felon Ariftote en fa morale , eft
en ce que la premiere regarde les
grandes dépenfes & l'autre les
moindres ou les plus legeres ;
d'où vient que la magnificence
eft proprement la vertu des Roys
des Princes ou des Seigneurs qui
font dans l'opulence. Comme
le Roy Salomon qui fit bâtir le
temple de Ierufalem , fon Palais
Royal dans la ville , & fa maifon de plaifance à la campagne;
auec tant de grandeur d'orne-
ment de colomnes & de richeffes , que la Saincte Efcriture feroit fufpecte en cét endroit fi
elle n'eftoit par tout infaillible.

Comme la Reyne Semiramis qui
ietta les fondemens & acheua de
parfaire la grande ville de Babylone, comptée pour la premiere entre les fept merueilles du
monde ; à caufe de fes murailles
fuperbes, de fon Palais magnifique, & de fes iardins éleuez à
l'égal des tours les plus éminentes, felon le rapport d'Herodote qui fuft expreffément la vifiter
pour la mettre dans fon hiftoire.
Comme le Roy Chemnis qui par
vne infigne dépence, fit éleuer
la grande pyramide d'Egypte feconde merueille de l'vniuers ; que
l'on voit de plus de quarante
lieuës, felon le recit de Belon
& de pline. Comme Antiope
Reyne des Amazones qui fit ba-
ftir le fuperbe temple de Diane
dans la ville d'Ephefe, troifié-

me merueille du monde ; dont
les ruines fe voyent encore auec
admiration, dans le grand nombre de colomnes de marbre rom-
puës qui font entre le Caïftre &
le Meandre. Comme les Grecs
qui firent tailler à Phidias l'Image en Iuoire du grand Iupiter
Olympien, quatriéme merueille de l'vniuers ; dont Æmilius
dit ces paroles en Plutarque, qu'il
eftoit à la verité reprefenté tout
tel qu'Homere le décrit en fon
Iliade. Comme la Reyne Arte-
mife fœur & femme de Maufo-
le Roy de Carie felon Diodore,
qui fit dreffer dans Halycarnaf-
fe le fameux bâtiment du fepul-
chre de fon mary cinquiéme
merueille du monde ; qui a donné le magnifique nom, à tous
les autres Maufolées. Comme les

anciens Rhodiens qui dreſſerent
en cuiure le prodigieux Coloſſe
de l'Image du Soleil , ſixiéme
merueille de l'vniuers ; ſous les
iambes duquel paſſoient les nauires à pleines voiles , pour entrer dans le port de Rhodes. Et
comme Alexandre le Grand qui
fit éleuer auec tant d'induſtrie &
de dépenſes , le Phare d'Alexandrie ſeptiéme merueille du monde ; pour éclairer de nuiĉt & de
fort loin en pleine mer , tous les
vaiſſeaux qui venoient à la ville.
Enfin comme l'Empereur Veſpaſian qui reſtablit le temple du
grand Iupiter Capitolin ſi haut
& auec tant d'éclat, qu'il méloit
ſa lueur auec celle des aſtres ſelon
Claudian le Poëte.

Le liberal dit le Philoſophe
Ariſtote , eſt entre l'auaricieux

& le prodigue en telle forte toutesfois, qu'il eft plus proche du
prodigue que de l'auaricieux :
car c'eft le propre du liberal de
receuoir moins qu'il ne doit receuoir, & de donner plus qu'il ne
doit donner en gardant neantmoins entre ce plus & ce moins,
vne iufte & raifonnable mefure.
Homere appelle les Roys pafteurs
des peuples, & les tyrans deuo-
re peuples. Tibere dit que le bon
Prince eft comme le bon pafteur,
qui tond les brebis fans les écorcher. Et le Sauueur du monde
qui eft le modelle de la iufte domination, fe compare aux pafteurs dans les Euangiles. Antonius auoit doublé le tribut dans
les Prouinces de l'Afie, on luy
députe vn Seigneur pour luy di-

re ces paroles ; fi tu veux doubler le tribut il faut doubler les
faifons , pour nous donner double recolte. Il faut donc que
l'Homme Heroïque ou le Prin-
ce Parfait foit liberal dans les termes de la raifon , & fuiuant les
preceptes d'Ariftote : qu'il donne de fon bien , & non pas de
celuy des autres : qu'il préfere
toufiours les fiens aux eftrangers,
en fes largeffes : qu'il mefure fes
prefents, par fes facultez : & qu'à
la fin de l'année ; il ayt toufiours
moins de debtes que de referue ;
car autremét il perdoit la liberalité, en perdant les moyens de l'e-
xercer comme dit Ariftote. Il faut
qu'il ait encore cette confideration, de donner à des perfonnes de merite & de vertu ; à des
hommes incommodez & non

point à des riches ; & plus à des
perfonnes de qualité qu'à ceux
de moindre naiffance : il faut enfin qu'il foit honnefte ou fecret
en fes bienfaits felon les preceptes de l'Euangile ; que voftre
main gauche ne fçache point ce
que voftre main droite donne.

Il femble que fuiuant la nature , tous les biens font communs à tous les hommes ; c'eft
l'opinion des plus grands Philofophes , & des Theologiens les
plus éclairez : d'où vient que
fainct Thomas dit apres fainct
Ambroife, que Dieu ne peut faire des ordonnances contre ce fondement ; & que lors qu'il a commandé en fon Decalogue tu ne
déroberas point , il a fuppofé la
diuifion ou le partage des biens
de la terre. Mais pourquoy s'en-

gager ſi ſouuent dans les abyſ-
mes profondes de la prouidence
& de la nature? Ie parle à ces
grands hommes qui pour éuiter
les inconueniens ou les deſor-
dres qui arriuent de tant de diſ-
putes, deuroient s'attacher pluſtoſt à la reuelation qu'à la ſcience. Ariſtote ajoûte vne autre dif-
ficulté, que ie ne puis receuoir
en cette Heroïque Philoſophie:
il aſſeure qu'vn Roy ne peut eſtre
appellé liberal, à cauſe qu'il fait
ſes largeſſes des biens qui pro-
uiennent des peuples: il conclud
enfin que pour dignement poſſe-
der cette belle vertu, il faut que
celuy qui l'exerce ait ſes facultez
de la naiſſance pluſtoſt que de la
fortune; dautant que les hommes qui ont eſté nourris dans les
incommoditez de la vie n'apre-

hendent point le mal-heur d'y retomber, apres la diſſipation des biens que la fortune leur auoit fait acquerir par le bon-heur ou par l'induſtrie : le contraire eſtant des perſonnes qui naiſſent dans les commoditez ou l'abondance, qui peuuent arriuer à des miſeres ou des ſouffrances qu'ils n'ont point accouſtumé de ſupporter dés la ieuneſſe. Quoy qu'il en ſoit il ſera bon de voir maintenant en peu de paroles, les effets merueilleux de la liberalité dans les actions des Princes Parfaits ou Heroïques.

Alexandre le Grand à ſon retour de la conqueſte des Indes, fit compter ſur des tables dreſſées au milieu de ſon camp, dix millions d'or pour acquitter le debtes de tous les ſoldats de ſon

armée. Iule Cefar dit vn iour que
depuis la victoire de Pharfale, il
n'auoit ouy de fon plus agreable
à fes oreilles qu'vne demande.
Sylla difoit en mourant pour fe
confoler, que iamais autre que
luy n'auoit tant fait de bien à fes
amis ny tant de mal à fes ennemis témoin Plutarque en fa Vie.
Liuius Drufus fe vante en l'E-
pitome de Flore d'auoir fait tant
de largeffes, qu'il n'auoit laiffé
aux autres pour en faire que de
l'air & de la bouë. Antonius fe
donnant la mort dépoüillé de
tout ce qu'il auoit au monde, dit
qu'il n'auoit rien que ce qu'il
auoit donné. Et Titus Empereur
des Romains penfant le foir à
fon coucher à ce qu'il n'auoit
rien donné de tout le iour, difoit qu'il auoit perdu cette iour-

née. Mais qu'elle merueille en
des hommes qui poſſedoient tant
de richeſſes ? dira peut-eſtre Voſtre Majeſté ſur ces paroles : ne
ſçait-on pas qu'Alexandre treuua ſix vingt millions d'or , dans
les coffres de Darius apres ſa défaite ; que Iules 'Ceſar employa
quatre - vingt 'millions d'or , en
la pompe de ſes triomphes ;
qu'Antonius en diſſipa deux cens,
en deux ou trois années dans les
delices de l'Aſie ; & que Titus
ioüiſſoit des reuenus de l'Empire qui montoient à deux cens
millions d'or , ſuiuant le comte
de Iuſte Lipſe. Il eſt vray grand
Roy Louys Auguſte , ces Princes admirables comme vous en
toutes choſes , meſuroient leur
liberalité par leurs richeſſes ; &
vous trauaillez maintenant auec

vne aſſiduité ſans exemple , à établir ou liquider vos reuenus pour meſurer à l'auenir vos lar-geſſes & voſtre dépence.

Ariſtote pourſuit en ſa mora-le que le prodigue & l'auaricieux ſont oppoſez à la verité. Mais qu'ils ont cela de commun & de ſemblable qu'ils reçoiuent tous deux plus qu'ils ne doiuent rece-uoir, & qu'ils prennent ou s'ac-commodent facilement de tout ce qui eſt à leur bien-ſeance ; le prodigue pour le donner ou le diſſiper ſans regle & ſans meſu-re, & l'auaricieux pour le garder ou n'en donner iamais rien à perſonne. Seneque le Philoſophe parle ainſi de luy en ſes Epiſtres, qu'il n'eſt pas riche mais que ces coffres ſont riches , & qu'il re-fuſe à ſoy-meſme ce qu'il prend

à tous les autres. C'eſt vn vice
qui témoigne la foibleſſe de l'a-
me & l'amour exceſſif de la vie;
car comme les richeſſes ſont en
apparence les moyens de l'entretenir , il craint que la diminu-
tion des richeſſes ne ſoit la di-
minution de ſa vie. Cette opinion eſt ſi puiſſante dans les auaricieux , que la prudence ny peut
iamais treuuer de place : L'Empereur Maurice refuſa de donner
douze mil écus pour rachepter
douze mille Grecs priſonniers
de guerre , les Hongrois par in-
dignité les firent tous mourir
comme il ſe voit dans Nicephore, & la concluſion de cette auarice fuſt la cruelle mort de l'Empereur meſme. Le Prince Parfait
ou Heroïque doit s'oppoſer à
cette paſſion auec toutes ſes for-

ces , il doit confiderer en foy-
mefme que l'argent qu'il met en
referue affoiblit le commerce &
l'abondance , & qu'amaffant
beaucoup de richeffes pour les
garder il tarit les fources d'où
elles procedent : la guerre des
Phociens & de Philomele qui ou-
urit de fon autorité le trefor du
temple de Delphes , qu'vne longue auarice conferuoit inutile
dans les rochers de Parnaffe , remplit toute la Grece d'or & d'argent auec telle abondance qu'elle en fut long-temps heureufe.

Mais le prodigue a des qualitez toutes contraires , premierement il diffipe fon bien & puis
celuy des autres ; & quand il a
tout perdu & tout mangé , il
cherche auffi-toft à fe refaire ou
par des remedes violents ou par
des

des voyes indignes : comme Ro-
boam fils de Salomon qui aprés
auoir consommé les grands tre-
sors que son pere auoit laissé dans
l'Espargne, se mit à charger les
peuples auec tant de rigueur qu'il
en perdit pour iamais la plus grā-
de partie de son Royaume : &
comme l'Empereur Caligule qui
apres auoir dissipé dans vn an les
quatre vingt millions d'or que
Tibere son Oncle auoit reser-
uez, alloit par les temples de
Rome demander la charité dont
il acquist des grandes sommes.
Le Prodigue est incapable des
affaires publiques, comment
gouuerneroit-il le bien des autres?
s'il ne peut ménager luy-mesme
le sien : les Milesiens ne pouuant
s'accorder en l'élection des Ma-
gistrats de leur republique, de-

T

manderent aux Samiens trois
hommes fages pour les élire; Herodote rapporte que ces trois Cy-
toyens de Samos allerent par les
terres & les poffeffions des habitans de Milet , & qu'ils choifi-
rent les Maiftres de celles qu'ils
treuuerent les mieux ordonnées
& cultiuées , pour les conftituer
dans le gouuernement des affaires publiques. Il eft donc de la
prudence de l'Homme Heroïque
ou du Prince Parfait , qui a cét
auantage de la mefme nature qui
le porte dans les actions des grandes vertus , de prendre garde à
ce que fa liberalité ne le faffe
pancher du cofté de ce vice,
comme le plus proche de fes deux
extremes felon Ariftote; afin d'é-
uiter des inconueniés non moins
confiderables que ceux qui pro-

cedent de l'auarice, foit dans la conduite des affaires particulie-res, foit dans le gouuernement d'vne Prouince ou d'vn Eftat, foit dans le commandement general d'vne armée, ou foit en-fin dans les foins de conferuer comme il doit fa reputation fon honneur & fa gloire.

La liberalité eft vne vertu qui peut eftre fans la magnificen-ce, mais la magnificence eft vne qualité qui ne peut eftre fans l'autre : la liberalité conuient à l'homme genereux, & la ma-gnificéce au magnanime. L'Em-pereur Augufte fe vente en Suë-tone, d'auoir treuué Rome de Brique & de l'auoir laifsé de mar-bre : Henry le Grand pouuoit affeurer, d'auoir treuué Paris de bois & de l'auoir laifsé de pierre :

& ie pourrois coniecturer que
Voſtre Majeſté le laiſſeroit vn
iour de marbre, ſi le marbre venoit auſſi facilement à Paris qu'il
arriuoit commodément à Ro-
me. Or comme la liberalité regarde les preſens les dons & les
largeſſes, la magnificence conſiſte dans les ornemens les édifi-
ces & la dépence : Homere raconte que Minerue & Iunon ſe
plaiſoient à regarder les belles armes & la bonne-mine d'Agamemnon allant à la bataille. Artaxerces portoit ordinairement
ſur ſa perſonne la valeur de treize mille talens, ou de huict millions d'or en pierreries ; Demetrius fit faire vn manteau Royal
de ſi grand prix qu'il ne pût eſtre
acheué deuant ſa mort, & ſi ſuperbe que pas vn de ſes ſuccef-

feurs n'ofa iamais le mettre fur
fes épaules. Plutarque ajoufte en
fes Vies que Lucullus apres fon
retour de l'Afie, auoit cinq cens
robes à la Perfienne tres-magni-
fiques parmy les meubles de fon
Palais ; & que Iule Cefar fe plaifoit par fois à faire voir dans les
affemblées de Rome, fes brode-
quins tous chargez de perles de
diamans & de pierreries. Iofephe rapporte en fon hiftoire qu'A-
grippa Roy des Iuifs auoit vn iour
dans le theatre de Cefarée vne robe fi riche & de tant d'éclat, que le
Soleil venant à la frapper elle
éblouïffoit les yeux de tout le
monde; & Mariana recite qu'en
la bataille de Muradal, le grand
Emir des Mufulmins portoit la
Vefte de fon Ayeul de richeffe
incomporable. Mais que ne doit-

on efperer de vous Grand Roy
Louys Augufte : Voftre dépence
eft par tout admirable par fa magnificence ; Et Voftre Majefté
ne paroift pas moins par l'éclat
de fes ornemens , que par les
auantages de cette bonne mine
qui découure auffi - toft ce que
vous eftes : les eftrangers comme
les François vos fujets témoi-
gnent n'auoir iamais rien veu de
pareil ; & le merueilleux édifice
du Louure que vous faites ache-
üer auec tant de richeffe & de
pompe , fera placé dans le rang
des fept merueilles du monde &
voftre gloire entre celles des plus
magnifiques Monarques.

L'Homme Heroïque doit estre éloquent
& veritable.

CHAPITRE V.

LE Pere Campanelle asseure
en sa methaphysique que
l'on ne peut iamais treuuer des
hommes si parfaits dans le monde, qu'il n'y ait encore quelque
chose à desirer ; comme en Socrate les sciences Phisiques , en
Salomon la continence, aux Apo-
stres les vertus militaires , & en
Moyse l'éloquence : il ajoûte ailleurs que la parole & le glaiue ,
sont les armes ordinaires des hô-
mes ; que les Romains ont vaincu les nations par le glaiue , &
que sainct Pierre & sainct Paul

ont surmonté les Romains par
la parole. Sainct Iean dit en son
Euangile ; que la parole estoit
au commencement & que Dieu
estoit la parole : & la saincte Escriture nous enseigne que Dieu
a tout crée par elle , il a dit & il
a esté fait. Seneque au traitté de
la clemence fait parler Neron de
la sorte , si ie voulois proferer
seulement vne parole toutes les
épées de l'vniuers seroient dé-
guainées , la terre seroit couuerte de soldats & la mer de nauires. Moyse manquoit à la verité d'éloquence , il emprunte le
secours de son frere Aaron pour
l'accompagner & porter la parole du Seigneur dans le Palais
du Roy d'Egypte. Le glaiue có-
mande au corps , mais la parole
commande au glaiue : Attila

estoit entré dans l'Italie auec vne
armée de trois cens mille hommes, le Pape Leon venant à sa rencontre le réuoye tout court en Allemagne par ses paroles : & les
Religieux dans le nouueau monde ont plus fait de conquestes
par la porole, que les soldats du
Roy Catholique par le glaiue.
Pericles dit en Plutarque que
l'on amuse les enfans auec des os-
selets, & que les hommes se me-
nent par les paroles : enfin les
paroles de Charles Cinquiéme
dans Paris furent plus salutaires
à l'Estat, que les combats & les
batailles du Roy Iean son pere.

La parole est vn son, le son
est de l'armonie, l'armonie dépend de l'oreille, & l'oreille est
de la nature ; il faut donc naistre
Orateur puisque que ce don

vient de la nature, c'eſt l'opinion
du grand & fameux Ciceron comme il paroiſt dans tous ſes ouurages. L'éloquence eſt vne qualité & vne vertu tout enſemble,
c'eſt vne qualité au regard des paroles bien ordonnées, & c'eſt
vne vertu quand la verité eſt dans
les paroles. Le Sauueur nous a
dit qu'il eſtoit la verité dans les
Euangiles, & vne autre fois ſi ie
vous dis la verité pourquoy ne
croyez-vous pas à ce que ie vous
déclare : mais la verité eſt double, elle eſt dans les actions &
dans les paroles. Le meſme Sauueur adiouſte de Lucifer le plus
parfait des Anges, qu'il n'eſtoit
point demeuré dans la verité,
qu'il eſtoit le Prince du menſon-
ge auſſi bien que des tenebres,
& que ſa punition venoit d'auoir

trompé fa nature admirable.
L'éloquence eft vne harmonie,
elle eft fondée fur le nombre la
mefure & la cadance auffi bien
que la poëfie ; elle eft toutesfois
dautant plus excellente , qu'elle
eft plus difficile. La poëfie a toufiours fes regles certaines & af-
feurées , mais l'éloquence n'a
point d'autre conduite que la iu-
fteffe de l'oreile : Les Poëtes dif-
ferent feulemét en qualité & non
point en quantité dans leurs ouurages , mais les Orateurs diffe-
rent fouuent en quantité & en
qualité tout enfemble , felon les
diuers auantages ou de l'art ou de
la nature. Enfin l'éloquence eft
vne habitude fondée fur la naiffance & formée par l'exercice, la
nature en donne les difpofitions
& l'art acheue de la parfaire.

Si l'Homme Heroïque à tant
de qualitez & de vertus il doit
auoir aussi l'éloquence , parce
qu'il doit estre superieur dans tout
ce qui est honneste & loüable :
Homere comptoit Vlysse entre
les plus vaillants & les plus courageux Princes de la Grece , &
toutesfois il releüe souuent sa
gloire par dessus celle des autres
à cause de son éloquence ; d'où
vient qu'il dit encore à ce sujet,
qu'Vlisse estoit au poil & à la plu-
me , on doit me pardonner ce
terme : Thucydide & Plutarque
rapportent que Pericles estoit des
plus nobles Citoyens & des plus
grands Capitaines d'Athenes ,
mais que son admirable éloqué-
ce le rendit comme Prince perpetuel de sa republique ; elle
estoit si foudroyante qu'on le

furnómoit Olympien , & qu'on
luy dreſſoit des Images de marbre à l'exemple de Iupiter , qui
tenoit en la main droite les Ma-
nubies : Platon ſurnommé le diuin philoſophe auoit tant de douceur & de beautez en ſon éloquence , que Ciceron oſe aſſeu-
rer en ſa faueur que ſi Iupiter dé-
cendoit du Ciel pour habiter ſur
la terre , qu'il parleroit comme
ce grand perſonnage : Plutarque
raconte en la vie de Ciceron que
ſon éloquence ne cedoit point à
celle de Demoſthene , le plus
parfait de tous les Orateurs qui
furent iamais ; qu'elle auoit tant
de credit dans les cœurs des Romains , qu'il manioit à ſa volonté les affaires de l'Empire ; &
qu'elle porta ce grand homme
dans les dignitez , de Preteur de

Conful & de pere de la Patrie,
que nul autre deuant luy n'auoit
iamais pû meriter à Rome : Iules Cefar paroiffoit en public auec
tant d'éloquence que plutarque
témoigne qu'elle auroit furmon-
té celles de Ciceron , fi la gloire
des armes n'euft effacé la gloire
des lettres en ce Prince veritablement Heroïque : la grande
éloquence de l'Alcoran a donné
plus de puiffance & de reputation à Mahomet , que fa grande valeur ou fes faux miracles :
enfin l'authorité le credit & la
gloire des prophetes de l'ancien
teftament , n'ont-elles pas en
partie procedé de leur éloquence?
fi admirable & ornée de tant de
belles figures, que l'Orateur méme de Ciceron ne pourroit en
enfeigner de plus parfaites.

La parole commande enseigne persuade ou recite, ce sont les principales ou les plus nobles de ses parties : la premiere appartient aux Capitaines, la seconde conuient aux Philosophes, la troisiéme regarde les Orateurs, & la derniere est pour les historiographes. Le commandement se fait en peu de mots & auec Empire, Camillus allant à la bataille dit aux Romains de son armée, faites maintenant ce que vous auez si souuent appris de faire. Cesar dans le fort de la bataille de Pharsale disoit à ses soldats frappez au visage, & sur la fin dans le massacre épargnez les Citoyens : Henry le Grand dit à sa noblesse au commencement de la bataille d'Iury, r'alliez-vous à mon pannache blanc

vous le treuuerez dans le chemin
de l'honneur & de la gloire ; &
le Comte d'Egmon allant au
mesme combat disoit à ses troupes de Flandres qui estoient dans
l'armée contraire , voila les enfans de ceux que vos peres ont
battu à Graueline monstrez que
vous n'estes point fils de Ribau-
de. Les enseignemens des philosophes ou des professeurs des
sciences, se font auec plus de paroles & en forme de Séntences :
comme les prouerbes de Salomon , les Adages des Grecs, les
Aphorismes d'Hypocrate , les
Epistres de Seneque, les Elemens
d'Euclide , & les Theoremes du
Comte de Pagan qui fait maintenant ce volume. Les harangues
qui persuadent consistent en des
termes plus étendus , en des paroles

roles choifies , & en des cadan-
ces mefurées : comme les Philippiques de Demofthene , les Orai-
fons de Ciceron , & les Sermons
de fainct Chryfoftome. Mais le
recit où les Relations des hiftoires , font ordinairement d'vn
ftile plus noble & plus ferré , à
l'exemple de Thucydide, de Xenophon, de Tite-Liue , de Cefar
& de Salufte , les plus renommez
& qui ont le plus d'eftime.

Si le Prince Parfait ou Heroïque a les grandes vertus des auantages de fa naiffance , comme
dit Ariftote en fa morale , il doit
encore auoir par la mefme raifon la nobleffe de l'éloquence ;
il doit parler le langage des perfonnes de qualité releuée , & pour
éuiter la moleffe ou des effeminez ou des hommes ordinaires ,

V

il doit accommoder fon ftile à la
force de fon efprit & à la grandeur de fon courage ; afin que
fes paroles foient toufiours dignes de fa reputation & fes
difcours de fa renommée.   Vn
Seigneur Athenien d'entre les pri-
fonniers de la deffaite de Che-
ronnée , voyant le Roy Philippe
de Macedoine fe réjoüir vn peu
trop fur le champ de bataille &
auec des paroles peu dignes de
fa grauité , témoigna d'en auoir
du dépit par fon vifage ; & répondit à Philippe qui s'en eftant
apperçeu luy en demanda le fujet , qu'il fe fâchoit à la verité
de voir que luy qui pouuoit maintenant joüer le perfonnage d'A-
gamemnon reprefentoit celuy de
Terfite , c'eft plutarque en la vie

de Phocyon qui le rapporte de la
forte : & Tacite en fes Annales
nous apprẽd que la caufe en partie
de la mort funefte de Caligule,
furent les paroles indignes d'vn
Empereur Romain, qu'il auoit
accouftumé de tenir par dédain
à Chereas Colonel de fes Gardes, toutes les fois qu'il venoit
dans fa chambre fur le foir pour
prendre l'ordre. Toutesfois le vice contraire à ce deffaut n'eft pas
fi dangereux quoy que moins
agreable, il confifte dans le filence ou trop auftere ou trop
fuperbe ; témoins les Clodiens
à Rome & le Duc d'Albe en Efpagne, qui en eftant blâmé par
fes enuieux aupres du Roy Philippe Second lors qu'il alloit pour
commander en Flandres : ce Prince furnommé le Sage refpondit

V ij

fur le champ qu'il eftoit dautant
plus affeuré de la fidelité de ce
grand Capitaine , que cette hu-
meur feuere le rendoit inacceffi-
ble à la flaterie.

La fecondité dans l'éloquence eft comme la fertilité dans la
terre , il faut auoir le foin de la
moderer quád elle eft trop abon-
dante ; les paroles fuperfluës font
ordinairement inutiles & fouuent importunes. Thucydide fe
rend ennuyeux par fes longues
harangues , & Xenophon qui
prend la fin de fon hiftoire pour
le commencement de la fienne,
fe corrige de cette longueur par
vne adreffe fort agreable. Polybe, connoiffant le mefme défaut
fe rend imitateur de Xenophon,
comme Tite-Liue de Thucydide;
mais Salufte Cefar & Tacite, ont

fuiuy l'exemple des plus mode-
ftes. Toutesfois l'éloquence n'eft
iamais en fon Thrône que dans
les Republiques , elle a treuué
plus de gloire dans Athenes & à
Rome que dans le refte du monde , elle a triomphé glorieufement dans la Grece & dans l'I-
talie ; Pericles Ifocrate Demo-
fthenes les Gracches , Ciceron
& Cefar , l'ont fait éclater fur la
terre ; & fes principaux adora-
teurs ont efté les hommes de la
plus grande nobleffe, & les Capitaines des plus grandes armées: fes
beautez viennent du langage ,
fes arguments de l'hiftoire , fes
raifons de la Philofophie, & fes
conclufions de la Politique. Ciceron dans fon Orateur dit qu'elle doit fçauoir toutes chofes , car
autrement comment fe pourroit-

elle employer dans les affaires generales ou particulieres , dans la
paix ou dans la guerre , & en la
mer comme sur la terre. Colombe desia fort auancé dans la
mer Oceane , obtint encore trois
iours de nauigation à l'Occident
des soldats seditieux , par son éloquence ; qui furent le salut de sa
vie , & la cause de la découuerte
des Indes.

Mais comme l'éloquence auoit
treuué son mal-heur dans les mo-
narchies qui ont aboli les republiques , elle prendra maintenant sa premiere vigueur dans la
Cour du grand Roy Louys Auguste ; elle passera dans les Princes les Seigneurs & la noblesse
de son Royaume , & reuenant
en des personnes de qualité de
condition & de gloire , elle se

rendra tous les iours plus noble
& plus Heroïque. Le Latin de
Virgile à plus de douceur & de pureté que celuy de Lucain , parce
qu'il estoit de Mátouë & nó point
de Cordouë ; mais le Poëme de
Lucain a plus de force & de gloire que celuy de Virgile , parce
qu'il estoit né Cheualier & non
point du menu peuple. Il faut
donc en cette éloquence de
l'Homme Heroïque ou du Prince Parfait , que la douceur accompagne la force , & la pureté
le choix des paroles ; que la pro-
prieté des termes , responde à
la beauté des pensées ; que la
transposition des mots , s'accorde au son de l'oreille ; & que la
façon de parler , soit conforme
au plus bel vsage : il faut encore
adiouster que tousiours la scien-

ce & la verité luy doiuent tenir
compagnie, la science pour le raisonnement la verité pour la con-
science, & l'vne & l'autre pour la
reputatió & la gloire de celuy qui
la met en vsage ; à l'exemple de
voftre Majeſté grand Roy Louys
Augufte, dont les paroles font
des Oracles & les promeſſes des
certitudes.

L'Homme Heroique doit ioindre les ar-
mes auec les sciences.

CHAPITRE VI.

LEs Dieux fe plaignoient à
Iupiter dans Homere que
Mars nonobftant fes deffences
eftoit entré dans la bataille des
Troyens contre les Grecs, &

Iupiter leur respondit qu'il faloit
enuoyer contre luy Minerue sa
sœur qui estoit en possession de
le battre ; pour faire voir que les
armes auec les sciences ont plus
de force & de vigueur, que les
armes sans les sciences. Les Romains & les Grecs qui ont esté
les plus sçauans hommes du mó-
de, ont vaincu toutes les natiós
de la terre. L'épée la cuirasse &
le mousquet, sont les armes ordinaires du corps; mais les armes
de l'esprit qui commande au
corps, sont les sciences les lettres & les liures. Zoroastre Roy
des Bactriens auoit tant de science auec sa valeur, que Iustin luy
donne la gloire d'auoir esté le
premier Auteur de l'Astrologie
& de la Phisique. Philon Iosephe & Carion le Chronologiste

affeurent que ce fut Abraham
qui triompha de cinq Roys felon Moyfe , qui porta la fcience
des Aftres & la philofophie dans
l'Egypte. Diodore raconte en
fon hiftoire que Simandius Roy
de cette Prouince, fit dreffer vne
Biblioteque dans le fuperbe mau-
folée qu'il fit bâtir apres fes conqueftes. Le Poëte Homere qui
met Vlyffe entre les plus vaillants
Princes de la Grece , luy donne
encore cét auantage d'auoir plus
de fcience que les autres. Et peut-
on douter que le Roy Dauid ne
fuft auffi fçauant qu'il eftoit valeureux , apres le témoignage
des liures qui fe voyent dans la
Sainéte Efcriture.

Alexandre le Grand qui auoit
triomphé des Prouinces & des
Royaumes qui font entre le Nil

le Gange & le Danube , eſt appellé par Plutarque auſſi bien Philoſophe que Roy. Epaminondas
qui a eſté le premier à gagner des
batailles contre les Lacedemoniens, eſt nommé par Iuſtin auſſi
grand Philoſophe que grand Capitaine. Alcibiade dont la vaillance eſtoit par tout accompagnée de la victoire ſelon Thucydide & les meſmes Auteurs,
eſtoit orné comme Athenien
& compagnon de Socrate de belles ſciences. Xenophon qui a
remply les ſiecles de l'admiration
de ſa retraitte , eſtoit auſſi ſçauant que ſes œuures le témoi-
gnent. Plutarque rapporte que
Dion qui auoit auec tant de gloire & de valeur rendu la liberté à
Syracuſe ſa patrie , eſtoit au rang
des Philoſophes de l'Academie

d'Athenes durant que Platon en
eſtoit Profeſſeur, & qu'elle eſtoit
en ſa plus grande eſtime. Caton
le Cenſeur & Conſul des Romains qui auoit triomphé de l'Eſpagne & gagné tant de batailles, eſtoit eſtimé le plus ſçauant
homme de l'Italie & le plus grãd
philoſophe de Rome , ſuiuant
les Auteurs en grand nombre qui
en celebrent les loüanges. Le
grand Scipion l'Africain orné de
tant de gloire & de triomphes ,
eſtoit en eſtime d'eſtre ſçauant
parmy les Romains à cauſe que
Terence l'accompagnoit par tout
en ſes voyages. Plutarque raconte que Lucullus le premier des
Capitaines Romains qui penetra
dans la Perſe & l'Armenie , tenoit apres ſon glorieux retour
dans Rome vne Academie ou-

uerte dans ſon Palais pour les hō-
mes ſçauants de la Grece & de
l'Italie , où il ne paroiſſoit pas
des moindres. Ptolomée phila-
delphe Roy d'Egypte illuſtre par
tant de guerres , fit dreſſer vne
Bibliotheque dans ſon palais d'A-
lexandrie de plus de cinquante
mille volumes , qui fut brûlée
du temps de Ceſar comme il paroiſt dans les hiſtoires. Et les
Atheniens qui auoient fait de ſi
grandes choſes par la confeſſion
meſme de Saluſte , auoient cét
auantage dans la Grece que l'on
diſoit communément que tous
eſtoient philoſophes en Athenes.

Iules Ceſar qui auoit gagné
tant de batailles dans les Gaules
l'Eſpagne & l'Afrique , dans la
grece l'Egypte & l'Aſie , eſtoit

remply de tant de fciences qu'il
fe vente en Lucain, d'auoir dref-
sé le fafte Romain & d'auoir
formé les années qui s'appellent
encore de fon nom Iuliennes.
Terentius Varron General des
armées Romaines fous l'autorité de pompée tant fur la mer que
dans l'Efpagne, & que Iules Cefar recommande fi fort en fes
Commentaires à caufe de fa valeur & de fon experience ; eftoit
eftimé le plus fçauant homme
des Romains en toute forte de
connoiffances , comme il paroift
dans les œuures de fainct Auguftin de plutarque & de Ciceron
qui citent fouuent fes liures.
Antonius qu'Appian Alexandrin
dit auoir efté de fon temps le plus
vaillant Capitaine des Romains,
alloit eftant de fejour en Athe-

nes visiter souuent l'Academie
du Licée, pour entendre & con-
ferer en personne auec les plus
grands philosophes de la Grece.
Suëtone rapporte que l'Empereur Auguste dressa curieusement
vne Bibliotheque dans son magnifique palais, & qu'il pardon-
na genereusement à la ville d'A-
lexandrie, à cause de l'amour
qu'il portoit au philosophe Arius
qui en estoit Citoyen. Iuba Roy
de Mauritanie illustre par sa valeur dans les Commentaires de
Cesar, a composé des liures qui
ont fait paroistre sa science, comme il se voit dans les anciens
Auteurs qui le citent. L'Empereur Tibere qui auoit triomphé
des nations de la Germanie &
fait à l'âge de neuf ans l'Orai-
son funebre de son pere, dans la

place publique à la façon des
Romains , dreſſa des Bibliotheques & des Academies pour les
hommes ſçauants de l'Italie.
pline qui par ſa naiſſance & ſa
valeur merita d'arriuer à la dignité du commandement general
des armées Nauales de l'Empire,
fut orné de tant de ſciences diuerſes qu'il en peut compoſer le
grand volume de ſon hiſtoire naturelle , qui paroiſt en nos iours
auec admiration de ceux qui la
liſent. Titus l'amour & les delices du genre humain à cauſe de
ſa valeur & de ſes qualitez admirables , ne poſſedoit pas moins
heureuſement les bonnes lettres
qu'il ſe plaiſoit en la conuerſa-
tion de Ruffus le Philoſophe &
de Pædianus le plus ſçauant ou
le plus vniuerſel de tous les hommes.

mes. Et Pline affeure en fon Panegyrique que la maifon Royale de Trajan eftoit le vray Palais
des Mufes , & que les entretiens
de ce vaillant & genereux Prince pendant fes repas eftoient fur
le fujet des belles fciences ou de
la Philofophie , qu'il auoit ap-
prife des enfeignemens de Plutarque.

L'Empereur Adrian fi vaillant fi laborieux & fi grand Capitaine, eftoit eftimé le plus fçauant de tous les hommes & fe
plaifoit dans les conferences des
bonnes lettres & de Fauorinus le
Philofophe. Marc Aurelle le plus
fage de tous les Princes & glorieux
de tant de victoires , n'eftoit pas
moins Philofophe que Panetius
dont il auoit fouuent la compagnie. L'Empereur Iulian qui

X

auoit tant de reputation dans les armes, eſtoit ſi paſſionnément amoureux des belles ſciéces par le témoignage méme de ſainɩ Baſile ſon plus grand aduerſaire, qu'il paſſoit les iours & les nuiɩts dás les Eſcolles d'Athenes auec Iamblique le philoſophe. Charlemagne qui auoit gagné tant de batailles dans l'Eſpagne l'Italie & l'Alemagne, n'eſtoit pas moins glorieux par les ſciences que par les armes; il ſe plaiſoit auec le philoſophe Alcuin & dreſſa par tout, des Colleges & des Academies pour les bonnes lettres. L'Empereur Federic Second illuſtre par tant de combats & de guerres, eſtoit le plus ſçauant hóme de ſon temps & remplit l'Italie de ſcience & de nouuelles écoles. Alphonſe dixiéme Roy de

Caſtille merita par ſa vaillance
d'eſtre éleu Roy des Romains ,
& par ſa ſcience de reſtituer l'A-
ſtronomie ſelon Turquet & Ma-
riane. François premier qui pour
ſes batailles fût nommé le grand
Roy François , & pour ſes ſciences le pere des lettres ; dreſſoit des
Bibliotheques & tenoit ſouuent
des conferences d'eſprit , ſelon le
témoignage du Comte Baltazar
de Caſtillon. Guſtaue Adolphe
Roy de Suëde qui eût égalé la
gloire d'Alexandre s'il eût égalé les années de Ceſar , poſſedoit
ſi heureuſement les belles ſciences , qu'il ſemble les auoir laiſ-
ſées auec ſa vertu à la Reyne
Chriſtine ſa fille vnique. Et i'eſ-
pere que le Roy Louys Auguſte
qui a de ſi beaux commence-
ments dans les armes & dans les

fciences, n'acheuera point fa
glorieufe deftinée fans augmenter fa reputation, dans les vnes
comme dans les autres.

Il faut donc que l'Homme
Heroïque s'efforce à l'exemple
de tant de princes de Roys &
de vaillants Capitaines, de ioindre en fa perfonne les armes auec
les fciences ; pour eftre vn iour
comme dit Salufte apres Polibe, fage dans le confeil & vaillant au combat : neantmoins Socrate en Xenophon a de la peine
à confentir, que les hommes de
qualité s'adonnent fi fort aux
fciences, comme ils faifoient de
fon temps & en la ville d'Athenes où tous les Citoyens eftoient
également foldats & Philofophes. Seneque fe moque auffi
dans fes Epiftres de cette vaine

recherche ou legere curiofité,
qui retire fouuent les hommes de la vertu & des actions de
la vie, qui eft toufiours la fin la
plus noble du Prince Parfait ou
Heroïque. Toutesfois le grand
Philofophe Ariftote nous mon-
ftre en fa morale, que le fouuerain bien confifte dans les fciences; & le grand Orateur Ciceron nous declare les auantages
qu'elles apportent, dans tous les
temps & dans tous les âges de
la vie, en l'oraifon qu'il pronó-
ça publiquement en faueur d'vn
Poëte illuftre; où il dit auec fon
éloquence ordinaire que les bonnes lettres nous confolent fouuent & nous tiennent compagnie, la nuict comme le iour,
dans les voyages comme en la
ville, dans la ieuneffe comme dás

la vieilleſſe , pendant la paix ou
durant la guerre , & dans les proſ-
peritez comme dans les trauerſes
de la fortune ; témoin l'exil de
Marcellus à Rhodes ſuiuant le
meſme Ciceron , & la longue
priſon de Charles Duc d'Angou-
léme dans la Baſtille , d'où il fût
tiré pour eſtre General d'armée
à cauſe de la reputation de ſes
études.

La connoiſſance s'épuiſe dans
la nature & dans les choſes, par
la force ou la penetration de
l'entendement : la ſcience ſe forme apres dans l'eſprit , par l'établiſſement de certaines regles ou
maximes touſiours ſemblables :
& l'art en ſuite l'applique ſur la
matiere ou la met en pratique ,
ſuiuant l'addreſſe l'inuention ou
l'induſtrie. Si la connoiſſance eſt

parfaite, la science est certaine,
& l'art infaillible ; mais si la connoissance est imparfaite, la science est douteuse, & l'art deffe-
ctueux : & toutesfois il peut arriuer la connoissance estant parfaite, que la science est pleine
d'erreur à cause de l'ambition de
la vanité ou de la confusion de
l'esprit qui la manie. Les sciences consistent dans les termes &
dans la Doctrine, les termes sont
dans les paroles & les veritez
dans la Doctrine ; mais si les termes sont indifferents, les veritez sont necessaires. Les sciences
sont naturelles ou Mathematiques : les premieres comprénent,
la Physique la Medecine la Chy-
mie l'Astrologie ; & les autres,
l'Arithmetique la Geometrie la
Musique & l'Astronomie. Les

fciences font encores humaines
ou diuines : les humaines con-
tiennent , l'Hiftoire la Geographie la Morale la Politique ; &
les diuines , la Metaphyfique la
Theologie la fainĉte Efcriture
& les Conciles. Les fciences naturelles font fondées fur l'experience , les Mathematiques fur la
démonftration, les humaines fur
le raifonnement , & les diuines
fur la reuelation fuiuant les Theologiens & tous les philofophes.
Mais l'art felon ma nouuelle dé-
finition, eft l'imitation de la nature parfaite & la reparation de
la nature imparfaite , que ie ne
puis autrement expliquer que
dans vn autre volume.

La Sainĉte Efcriture nous apprend , que Dieu a expofé le
monde à la difpute des hommes;

& en l'Ecclesiaste que ceux qui
ont treuué les sciences, ont ad-
jousté du trauail & de la peine.
Si les sciences estoient sans difficultez, elles seroient sans gloire; mais si la gloire des armes
surmonte la gloire des lettres,
c'est parce que les dangers de la
vie sont auec les vnes, & que les
difficultez seulement sont auec les
autres : Toutesfois les noms de
Platon & de Socrate, ne dure-
ront pas moins dans la memoire
des siecles, que les noms de Cesar & d'Alexandre ; la sapience
de Salomon, que la vaillance du
Roy Dauid; & la sagesse de Numa, que le courage de Romule.
Les sciences sont premierement
dans la nature ; secondement
dans l'esprit, en troisiéme lieu
dans la bouche ou les liures de

ceux qui les enſeignent ; & les hommes qui les reçoiuent par la premiere voye ont pluſtoſt fait & ſont plus ſçauants , que ceux qui les apprennent par la derniere. Si la naiſſance de l'Homme Heroïque luy donne les grandes vertus , elle doit auſſi luy donner les diſpoſitions aux belles ſciences : Il doit les acquerir par les auantages de la nature, pluſtoſt que par la penible longueur de l'eſtude : Et ſi la premiere ne peut luy en donner la perfection, il doit emprunter le ſecours de l'autre. La vie eſt courte à la verité dit Hyppocrate, & les ſciéces ſont longues : Toutesfois Seneque nous donne de la confiance par ces paroles, vous n'oſez pas entreprendre les choſes parce qu'elles ſont difficiles,mais elles font difficiles parce que vous n'ofez pas les entreprendre.

S'il faut que l'Homme Heroïque ou le Prince Parfait felon Ariftote, ait toutes les vertus; il n'eft pas toutesfois neceffaire, qu'il ait toutes les fciences; C'eft affez qu'il poffede les plus vtiles pour les actions, les plus honneftes pour la gloire, & les plus delectables pour la conuerfation de la vie : Il doit fçauoir ce qu'il faut dans les fciences Diuines, pour ne tomber dans l'erreur ou les terreurs de la Religion; Dans les fciences humaines, pour iuger ou penetrer heureufement dans les affaires prefentes paffées & futures; Dans les fciences Mathematiques, pour entendre les fortifications & tout ce qui dépend de la guerre ; &, dans les

fciences naturelles, pour fe ga-
rentir auec fon armée du danger
ou de la crainte des maladies: Il
ne faut point enfin qu'il s'eſton-
ne, ny de la confuſion de tant
de liures, ny du nombre de tant
d'opinions, ny de la contrarieté
de tant de principes; il faut qu'il
foit comme vous Grand Roy
Louys Auguſte, qui fçauez dans
voſtre ieuneſſe entendre les bons
liures, connoiſtre les bons Auteurs, choiſir les belles fciences,
& faire cas des bonnes lettres;
qui font enfin les trompetes de
la vaillance, comme dit Alexandre le Grand du Poëte Homere
fur le tombeau d'Achille.

L'Homme Heroïque doit eftre Guer-
rier, & Politique.

CHAPITRE VII.

LE Poëme Heroïque d'Ho-
mere & les triomphes de
la guerre Perfique, rendirent les
Grecs fi admirables entre les hô-
mes & les Atheniens fi merueilleux parmy les Grecs, que leur
memoire grauée en des tables
d'Ærain ne durera pas moins
dans les fiecles que le Soleil rou-
lera dans le monde. Ils auoient
vn Temple magnifique dans la
ville d'Athenes, qui portoit ce
tiltre fuperbe en fon frontifpice,
comme il fe voit dans Plutarque
en la vie de Phocyon à la Pole-

mique & Politique Minerue, qui
eſtoit leur Diuinité tutelaire;pour
faire connoiſtre à de ſi nobles
Citoyens qu'ils deuoient eſtre
guerriers & politiques, afin de
meriter dans le monde la gloire
que Minerue auoit dans le Ciel
pour ces deux qualitez admirables : D'où vient que le Philoſophe Ariſtote recommande ſi
fort la ſcience ciuile dans le premier de ſa Morale, diſant qu'elle eſt le ſouuerain bien de l'homme; puiſque ſa fin regarde l'vtilité generale d'vne Cité ou d'vn
Royaume, & non point la particuliere d'vne famille : Il adiou-
te que la ſcience œconomique
appartient aux maiſtres d'vne
maiſon, que la ſcience Politique
conuient au Prince de la ville;
& que l'vne excelle d'autant par

deſſus l'autre, que la ville ſurpaſſe en grandeur vne maiſon &
tout le peuple vne famille. La
politique eſt vne ſcience, qui a
pour ſon obiet le gouuernement
d'vne ville ou d'vn Royaume;
pour ſa fin, l'vtilité publique ou
generale ; & pour ſon action,
tout ce qui tombe en vſage ou
en pratique parmy les hommes,
comme les loix la guerre la paix
les arts & la iuſtice.

Tous les gouuernemens politiques, ſont reduits à ces trois
differences; d'vn ſeul de pluſieurs,
ou de tout le peuple: le commandement d'vn ſeul, eſt la Royauté ou la Monarchie, comme la
Perſe la France ou l'Eſpagne:
Celuy de pluſieurs ou des principaux Citoyens, eſt l'Ariſtocratie,
comme en Lacedemone & à Ve-

nife : & le commandement de tous en general ou de tout le peuple, eſt la Democratie, comme en la ville d'Athenes & à Carthage. Toutesfois Homere ne parle point en ſes ouurages, ny des Loix ny des Republiques ny de ces trois differences, comme le remarque Ioſephe en ſes Apologies; & le premier qui en a fait mention dans ſes hiſtoires, eſt Herodote d'Halicarnaſſe quatre ſiecles apres Homere, & longtemps auparauant Ariſtote Platon & Polybe : Il rapporte que les ſept Princes de Perſe apres auoir mis à mort les Mages qui auoient occupé la tyrannie, traitoient enſemble du gouuernement le plus conuenable qu'ils pourroient eſtablir ; & qu'en la diuerſité des opinions d'vne affaire

faire de telle importance, Ottha-
nes épouuenté des cruautez du
Roy Cambise & des Mages, pro-
posa la Democratie ; Megabise
à cause de l'insolence despeuples
contre la noblesse, l'Aristocratie;
& Darius pour éuiter le desordre
de la diuision d'entre les grands
d'égale puissance, la Royauté ou
la Monarchie qui fût enfin resta-
blie en sa personne, par le hen-
nissement de son cheual, comme il se void au long dans les histoires de Iustin & du mesme Herodote.

Aristote Platon & Polybe dans
leurs traittez de la politique, ad-
joustent encore trois differences
qui procedent des trois premieres : ils disent que la Royauté dé-
genere en tyrannie, lors que le
Prince gouuerne seulement pour

Y

son vtilité particuliere , & non
point pour la generale ou la publique : que l'Ariftcratie fe conuertit en Oligarchie , quand les
principaux qui cómandent tour-
nent tout à leur profit ou à leur
auantage : & que la Democratie
fe reduit fouuent en Oclocratie,
lors que tout le peuple qui gou-
nerne oppreffe les grands & la
Nobleffe , pour fon vtilité priuée. Ariftote appelle ces changemens ou reuolutions d'Eftat,
la Roüe de fortune ; Mais c'eft au
regard des Villes de la Grece,
qui eftoient libres & fujettes à
ces continuelles variations &
changements de fortune , comme Athenes Corinthe Syracufe
& Milet entre les plus confiderables ; qui ont à diuerfes fois ref-
fenty à leur dommage la cruauté

des Princes , l'Auarice des Grands , & l'infolence des peuples : d'autant que l'hiftoire ne marque point de telles reuolutions dans les Grands Royaumes , mais feulement les changements des Roys ou des Princes fans rien changer en la Monarchie ; La raifon en eft apparente parce que les Villes & non point les Royaumes , fe peuuent facilement tourner en Republiques; Comme Athenes apres la mort du Roy Codrus , & du Tiran Pififtrate ; Syracufe apres le trépas de Gelon & l'exil de Dionifius ; Rome apres la fuitte de Tarquin le fuperbe ; Corinthe apres la mort de Periandre ; Et Milet apres le trépas de Trafibule.

Ces anciens Philofophes qui

ont foigneufement confideré la foibleffe & l'ambition des hommes, a qui Seneque dit ces paroles ; vous craignez tout comme mortels ? Et vous defirez tout comme immortels ? donnerent aux Roys la crainte des Dieux, à la Nobleffe la crainte des Roys, & aux peuples la crainte de la Nobleffe, afin de contenir ces ordres dans le refpect & l'obeïffance. Tacite a dit en fa Germanie que la paix fe maintenoit entre les Sarmates & les Allemans, par le reffort d'vne crainte mutuelle & reciproque; & en fes Annales que pour gouuerner la multitude, il faloit employer la feuerité pluftoft que l'indulgence ; à caufe que les effets de l'amour, ne font pas fi violents que ceux de la crainte :

conformément à ce qu'Homere
nous apprend en l'exemple d'vn
prince de la Grece, qui fut abandonné dans le combat par ses
fidelles compagnons de guerre ;
qui toutesfois l'aymoient vni-
quement & s'animoient à le secourir, mais comme dit ce Poëte.

La crainte qu'ils auoient d'Hector le
valeureux
Auoit bien plus de force & de pouuoir
sur eux,
Que l'amour qu'ils portoient à leur cher
Epyphete.

Le diuin politique Moyse
Prophete & legislateur des Iuifs,
leur representoit vn Dieu colere
& vengeur ; qui ne leur parloit
que par le grondement affreux
des tonnerres, & les épouuantables éclairs de la foudre : qui les

rangeoient à la neceffité de dire
publiquement à Moyfe, de parler luy tout feul au Seigneur,
tant ils eftoient étonnez du fon
terrible de fa voix ; & qui les
porta finalement à paffer en filence & fans murmurer, les ef-
froyables deferts de Pharan &
de Cadefbarne. Varron le plus
fçauant des Romains difoit que
la Religion eftoit dans l'amour,
& la fuperftition dans la crainte : d'où vient que Plutarque en
Sertorius & Quinte-Curce en
fon Alexandre, ont dit que la
fuperftition auoit plus de pouuoir & de credit fur les ames
vulgaires & fur les barbares. Les
Prophetes auoient fi fort épouuenté Ierufalem par leurs menaces, que les habitans n'auoient
pas feulement le courage d'y bâ-

tir de nouuelles maiſons : & les
paroles que Dieu Noſtre Sauueur profera ſur le mont des Oli-
ues touchant la fin du monde,
donnerent tant de crainte & de
frayeur aux Chreſtiens du temps
meſme de ſainct Paul ; que ce
diuin Apoſtre fût obligé de leur
écrire pour les mettre en repos,
que cette finale deſolation n'e-
ſtoit point encore ſi prochaine.
Les hommes ſe dérobent plus
facilement à la iuſtice des loix
humaines qu'à la iuſtice des loix
diuines, parce que la iuſtice de
Dieu qui penettre dans les cœurs
eſt touſiours inéuitable ; d'où
vient que les anciens Politiques
qui n'auoient point les auantages de la reuelation, comme
Abraham Moyſe les Prophetes
& les Apoſtres ; ont heureuſe-

ment employé l'inuention pour
autorifer les loix , qu'ils vou-
loient donner en perfuadant aux
peuples qu'elles venoient de quelque diuinité : comme Menas
Roy d'Egypte, du Soleil que cette nation adoroit : Ninus Roy
d'Affyrie, de Belus, le grand Dieu
de Chaldées: Zamolxis le Thra-
cien , de Mars Dieu de la guerre : Minos Roy de Crete , de
Iupiter le fouuerain dés Dieux :
Lycurgus prince de Lacedemone , de l'Oracle d'Apollon en
Delphes : Numa Roy des Romains , de la Nymphe Egerie :
& Mahomet le faux prophete,
de l'Ange Gabriel fupposé dans
fes liures.

Pfaphon eft vn grand Dieu
difoit vn oyfeau en Efpagne,
que ce prince des Carthaginois

auoit appris en fecret à parler de
la forte. Marius traînoit apres
foy vne femme Syrienne phana-
tique, dans vne littiere couuerte. Sertorius parloit fouuent à
l'oreille de fa biche domeftique,
comme à vne diuinité déguifée.
Scipion alloit de nuict en fecret
dans le temple de Iupiter au Capitole, feignant d'y receuoir des
confeils. Vellade fe tenoit foli-
taire dans vne tour fort éleuée,
& rendoit fes Oracles aux Allemans qui venoient pour la con-
fulter en leurs affaires de paix ou
de guerre. Sylla le Dictateur &
Xenophon en fa retraitte, fe
vantent des auantages qu'ils ont
retiré de leurs fonges ou faux ou
veritables. Colombe eftoit per-
dû fans reffource auec tous les
fiens, s'il n'eût épouuanté les

Americains par le commandement qu'il fit à la Lune de s'é-
clipfer, & puis de reprendre fa
lumiere comme elle fit au grand
étonnement de ces Barbares, qui
ne fçauoient alors que c'eftoit
d'Aftronomie. Et les mefmes
Auteurs que i'éuite à citter trop
fouuent, racontent que Pytha-
gore fe cachoit affez long-temps
en des lieux foûterrains ; d'où
il feignoit de reuenir comme s'il
venoit de l'autre monde, pour
mieux autorifer fes loix & fa Philofophie dans la ville de Locres.
C'eft ainfi que l'Homme Heroïque doit employer les auantages de fon efprit, dans les confeils de la politique ; & c'eft ainfi
qu'il doit heureufement treuuer
des inuentions pour l'vtilité des
affaires publiques, comme Age-

filaüs qui fit dormir vn iour tout
entier les loix de la ville de Sparte, pour y faire entrer les Lacedemoniens échappez d'vne bataille perduë, qui autrement deuoient tous mourir ; & comme
les Atheniens qui pour ne con-
treuenir à leurs loix changerent
vne fois de nom au dernier mois
de l'année, pour faire voir à Demetrius qui les auoit fi genereu-
ment obligez, les ceremonies
de Cerés & de Proferpine.

La politique eft vne qualité
de l'efprit, qui s'exerce à connoiftre la nature de l'eftat, du
Prince, & des fujets ; & qui s'occupe à penetrer, dans les chofes
prefentes paffées & futures, comme il eft amplement dit au chapitre de la prudence. Ariftote nous
apprend en fa Morale que la po-

litique est la Reyne de toutes
les sciences , elle comprend la
Cosmographie du monde , la
Geographie de la terre , la Cho-
rographie des Prouinces , la To-
pographie des lieux , & l'Icno-
graphie des places fortes ; elle
contient les mathematiques pour
démonstrer, l'Arithmetique pour
compter, la Geometrie pour for-
tifier, la Trigonometrie pour mesurer , l'Astronomie pour calcu-
ler , & l'Astrologie pour predi-
re ; elle embrasse la Philosophie
pour raisonner , les loix pour
corriger , la Morale pour connoistre , l'histoire pour iuger , la
guerre pour vaincre , la Rheto-
rique pour parler , & l'éloquence pour écrire ; enfin la carte pour
voyager , la Physique pour cam-
per , la Medecine pour guerir ,

la Marine pour nauiger , & la
Theologie pour ſauuer en tout
& par tout la conſcience. Si le
Prince Parfait ou Heroïque à
toutes les vertus pluſtoſt de la
nature que de l'habitude, il doit
auoir auſſi toutes les ſciences pluſtoſt de la nature que de l'étude;
pluſtoſt par ſon propre genie que
par vn trauail importun ; & plus
par le raiſonnement de ſon eſprit que par les enſeignemens
des autres : afin qu'il ſoit dans
le ſupreme degré de l'humaine
excellence , ſuiuant les reigles
d'Ariſtote & du Poëte Heſiode
dont i'ay cité deſia la Sentence.

Il faut donc que l'Homme Heroïque ſoit guerrier & Politique,
comme eſtoient les Romains &
les Grecs qui ont ſurmonté tou-

tes les nations de la terre : il faut
qu'il sçache par science & par experience toutes les parties de la
guerre, pour paroistre éminemment dans les conseils de la politique ; & pour exceller dans les
resolutions de la guerre, il faut
qu'il possede auantageusement
la politique. Polybe dit que les
Romains vainquirent les Carta-
ginois, parce qu'au temps des
deux premieres guerres Puniques
le Senat gouuernoit à Rome &
le peuple à Carthage ; mais ce fut
à cause que tous les Senateurs
Romains estoient alors guerriers & politiques, & les Senateurs de Carthage plustost politiques que guerriers comme il se
reconnoist par les histoires. C'est
vne consideration à la verité digne de remarque, & qui meri-

teroit vn autre volume. Les nep-
ueux de Moyſe perdirent la ſou-
ueraine authorité, parce qu'ils
eſtoient ſeulement politiques &
non point guerriers : ſi les papes
auoient eſté guerriers comme ils
ſont politiques, ils auroient ſurmonté l'Italie & en ſuite le monde ; ils auroient ouuert les portes
de la terre auec l'épée de ſainct
Paul, comme ils ouurent les
portes du Ciel auec les clefs de
ſainct Pierre ; & ioignant la
Religion auec les armes & la politique, ils auroient heureuſement regné depuis l'Ocean iuſqu'à l'Euphrate. Les anciens Califes de Mahomet eſtoient guerriers & politiques, ils commen-
derent aſſez long-temps depuis
les Indes iuſques aux Monts-
Pyrennées ; mais venant à ne-

gliger infenfiblement les armes,
ils ne font à prefent que les Cu-
rez de Babylone : & les Chinois
qui s'appliquent fi fortement à
la politique , ne font que trop
fouuent expofez au rauage cruel
des Tartares, qui s'adonnent plus
vigoureufement à la guerre.

Charlemagne eftoit à la verité grand Prince & grand Capitaine , il auoit fait toutes fes
conqueftes fous le nom & comme Roy de France ; mais venant
à prendre fans neceffité le tiltre
d'Empereur des Romains auec
celuy de Roy des François, il ietta le premier fondement de la diuifion de fon grand Royaume
qui a duré iufqu'à maintenant :
à caufe que ces deux tiltres fe
trouuant bien-toft feparez , &
non point vnis comme ils de-

uoient

uoient dans vne feule tefte ; le
partage & le droit de l'Empire
Romain fe forma dans l'Euro=
pe , contre le droit ancien du
Royaume de France. Mais les
Roys de la premiere race , eurent plus de fortune que cét Empereur ; ils partagerent ce grand
Royaume à leurs enfans , fans
toutesfois en diuifer le tiltre : de
forte que n'ayans autre nom
que celuy de Roy des François,
il eft facile à conceuoir comment les droits & la poffeffion
d'vn fi grand Eftat , retourne-
rent fouuent en la feule perfonne d'vn Prince ; comme il paroift dans les Hiftoires des Roys
Clotaire Premier , Clotaire Second , Dagobert , Pepin , Charlemagne , & Charles Second ;
d'autant que Louys le Begue

Z

fut le dernier qui eût enfemble, les tiltres d'Empereur & de Roy de France. Le Roy Ferdinand le Catholique & Charles Cinquié-me Empereur eftoient guerriers & Politiques, ils formerent en peu de temps leur ample & grande Monarchie : Philippe Second qui eftoit Politique & non point guerrier, la foûtint long-temps auec de la peine : mais le Confeil des Roys Catholiques fes fucceffeurs, qui n'eftoit ny guer-rier ny Politique, la plongée dans vne apparente foibleffe. Si depuis trente ans ce Royaume auoit eu des Miniftres guerriers & Politiques, nos Conqueftes feroient plus étenduës & nos frontieres plus éloignées ; mais Voftre Majefté qui par le com-ble de tant de vertus poffede ces deux qualitez admirables , nous fait defia voir en fa perfonne le miracle d'vn Prince Parfait ou Heroïque ; les auantages d'vn Roy qui n'eft pas moins guerrier que Charlemagne , mais plus Politique ; la gloire d'vn Monarque , qui eft auffi fage dans le Confeil que vaillant dans les armées ; & la force d'vn iugement qui penettre dans le fecret de la Politique prefente , que toufiours le deffein principal de Voftre Majefté doit eftre , l'agrandiffement de fon Eftat & l'afoibliffement de la Religion proteftante : comme il paroift en l'Euenement de fon dernier voyage à Dunquerque , où vous eftes allé Grand Louys Augufte, pour remettre cette place importante & confiderable fous la domina-

tion des François & des Catholiques.

L'Homme Heroique doit aymer la
paix & la guerre.

CHAPITRE VIII.

PLutarque déplore en son
traitté de la superstition la
foiblesse des hommes, il se plaint
qu'ils panchent tousiours dans
les extremitez , ou du deffaut à
ne rien croire ou de l'excés à tout
croire ; d'autant qu'à l'exemple
des vertus du grand Aristote , il
faut que le veritable Religieux
soit entre l'hypocrite & l'Athée.
Ie dois maintenant adresser la
mesme plainte aux Roys aux
Princes & aux Republiques , qui

font ordinairement ou dans l'a-
mour de la paix ou dans le de-
fir de la guerre ; qui font accou-
ftumez ou dans l'oyfiueté du repos , ou dans le trauail des armées ; & qui dans les refolutions
des affaires les plus importantes,
les vns inclinent fouuent à la volupté les autres à la gloire. La
guerre eft à la verité cruelle épou-
uentable & toufiours accompagnée de calamité fans remede:
Homere en fon Iliade appelle
ordinairement le Dieu mars tueur
d'hommes, ruineur de murailles,
brûleur de villes ; & le Poëte
Hefiode a proferé cette belle Sentence , qu'vn homme feul a le
pouuoir de commencer vne guerre , & que Dieu feulement à la
puiffance de l'acheuer quand elle
eft vne fois commencée. Peri-

cles tout feul donna le commencement à la guerre Peloponefe,
qui dura vingt & deux ans felon
Thucydide ; & qui ne put iamais eftre acheuée , que par la
ruine d'Athenes. Hannibal fut
caufe tout feul de commencer
la guerre contre les Romains,
que Florus & Tite-Liue appellent la feconde guerre Punique;
qui remplit de fes calamitez, l'Efpagne, les Gaules, l'Italie, la Si-
cille , l'Afrique ; & qui ne pût
iamais auoir de fin , que par la
cheute de Carthage. Et le feul
Comte d'Artois donna le commencement à la guerre des An-
glois, qui trauailla l'efpace de
plus de cent ans le Royaume de
France; & qui ne put fe termi-
ner , que par la ruine du party
d'Angleterre.

Il ne faut pas toutesfois que
les auantages de la paix, nous
emportent; les apparences font
à la verité toutes en fa faueur,
c'eft le principe de l'abondance
des peuples & de la terre, la fource de l'humaine felicité, la mere des arts & des fciences, la
caufe de la bonne iuftice, &
l'établiffement du commerce tât
par mer que par terre. Mais la
préuoyance ou pluftoft la foibleffe des hommes qui s'amoliffent
dans le repos, la font fouuent
apprehender quand elle eft de
trop longue durée. Polybe attribuë à la longue paix des Romains auec les Carthaginois, la
caufe de tant de batailles perduës
en la feconde guerre punique.
Hannibal meditant le deffein de
paffer fon armée dans l'Italie,

Y iiij

l'exerçoit dans les guerres qu'il
faiſoit expreſſément en Eſpagne. Le Senat oppoſoit à Caton
le Cenſeur qui preſſoit la déſolation de Carthage, que la crainte de ſa puiſſance maintenoit
parmy les Romains les bonnes
loix & la diſcipline. Tacite rapporte en ſes Annales que les Gaulois de ſon Siecle, eſtoient audacieux auant le combat & lâches dans le peril, à cauſe de la
longue paix qui auoit regné dans
leur Prouince. Artaxerces ne
pouuant abbattre la puiſſance
des Grecs comme dit Xenophon,
ny par ſa guerre eſtrangere ny
par leurs guerres ciuiles; les obligea d'en venir à la paix generale que l'on appella depuis la paix
d'Antalcyde; qui donna le repos
à la Perſe, la moleſſe aux Athe-

niens, enfin la victoire aux Macedoniens qui aſſuiettirent la Grece. Et pourroit-on douter que la longue paix de l'Eſpagne ſous les Roys Viſigots, n'eût cauſé la ruine qu'elle a ſouffert par les Conqueſtes des Arabes.

La paix & la guerre ſont au rang des choſes bonnes quand elles ne ſont pas trop longues, quand elles ſont meſurées par la raiſon ou la puiſſance, & non point par l'ambition ou la foibleſſe; & quand elles ont pour fin, la guerre d'arriuer à la paix & la paix de remettre les affaires. Les Romains voulans par foibleſſe entretenir la paix auec les Carthaginois, laiſſerent brûler honteuſement Sagonte; & au lieu de porter la guerre en Eſpagne, la virent auec épouuan-

te dans l'Italie. Tout au contraire dans la guerre Macedonique,
Æmilius dit au peuple Romain
felon Tite-Liue ; ie ne vous demande point fi vous voulez la
guerre contre le Roy Perfée, car
elle eft defia commencée dans la
volonté de ce Prince ; ie vous demande feulement fi vous voulez
cette guerre ou dans l'Italie
ou dans la Grece.   Mais il eft
toufiours raifonnable ou dans
la bien - feance , que le premier qui a prouoqué la guerre foit le premier à propofer la
paix : le Herault voulant faire
ceffer le combat d'entre Hector
& Ajax , ce dernier luy dit ces
paroles, faites qu'Hector qui m'a
le premier appellé m'en prie ?
Hannibal qui auoit efté le premier à prouoquer les Romains à

la guerre, fuſt auſſi le premier à
propoſer à Scipion la paix, dans
la Conference qu'ils eurent auant
que donner la bataille de Zama
comme il ſe voit dans Polybe :
& Ceſar qui auoit commencé la
guerre Ciuile contre Pompée,
luy fit preſenter à diuerſes fois la
paix comme il paroiſt dans ſes
Commentaires. Que ſi nous
voyons dans l'hiſtoire de Ioſephe, que Titus parle touſiours
le premier aux Iuifs de Ieruſa-
lem ; c'eſt à cauſe de la dignité
de ſa perſonne ou de la foibleſſe
des autres, ſi toutesfois on ne
veut dire que les Romains auoiét
commencé la guerre.

Il faut donc que le Prince
parfait ou Heroïque, ayt encore cette loüable moderation en

ſes déportemens de la paix ou de
la guerre , qu'il ſe range facilement à l'vne & plus volontairement à l'autre ſuiuant la neceſſité des affaires ; qui ſelon Tacite
en ſes Annales conſeillent plus
ſouuent les hommes , que les
hommes ne conſeillent les affaires : & qu'il ſoit également diſ-
poſé , ou à receuoir l'vtilité de la
paix ou à ſe preualoir des auantages de la guerre. Cyrus ne
pouuant s'en ſouler , treuue ſa
mort parmy les Scythes : Alexandre ne pouuant moderer ſon
ambition , boit le poiſon qui
termine ſa vie : Pyrrus ne voulant limiter ſes conqueſtes , pe-
rit dans la ville d'Argos par vne
tuille : Hannibal ne pouuant viure ſans guerre , treuue ſa fune-
ſte mort dans l'Aſie : Pompée re-

fuſant la paix de Ceſar , tombe
ſous le glaiue d'Egypte : & Ceſar qui ne penſoit qu'à donner
des batailles , ſuccombe ſous les
poignards de l'enuie : Demetrius
qui par les diuers éuenemens d'v-
ne guerre continuelle changeoit
à tous moments de Royaume ,
fut reduit à la neceſſité de paſſer
le reſte de ſes iours enfermé dans
vn parc à la chaſſe : Mitridate
ne pouuant moderer ſon courage ny par les victoires ny par les
deffaites , ſe vit enfin dépoüillé
de tous ſes Royaumes : Arminius
qui tenoit ſans ceſſe les Allemans
occupez ou dans les guerres étra-
geres ou dans les guerres ciuiles,
eſt à la fin mis à mort par les
ſiens propres : & Friederic Bar-
berouſſé Empereur qui ne pouuoit viure ſans guerre , treuue ſa

fatale deſtinée dans les eaux
d'vn fleuue de la Cilicie, allant
auec ſon armée à la terre Saincte : enfin les Samnites ne vou-
lurent iamais ſe contenir dans le
repos, qu'apres la déſolation de
leurs villes & la perte de trente
batailles rangées.

La guerre eſt iuſte quand elle
eſt neceſſaire, & les armes ſont
ſainctes entre les mains de ceux
qui n'ont point d'autre eſperance que dans les armes, ce ſont
les paroles de Tite-Liue. Moyſe
éleuoit ſes bras étendus vers le
Ciel, en faueur de ceux qui combattoient valeureuſement à la teſte de l'armée. Les Sacrificateurs
auoient le ſoin de ſonner la charge auec les trompettes, quand
les Iuifs alloient à la bataille.
Dauid le Prophete Royal diſoit

au Seigneur , c'eſt vous qui auez
dreſsé mon bras à la guerre. Et
le Roy Salomon dans le Canti-
que des Cantiques , vous eſtes
belle comme vne armée rangée
en bataille auec ſes enſeignes.
Les Chreſtiens chantent tous les
iours à la Meſſe , le Seigneur le
Dieu des armées eſt tres-ſainct ,
le Ciel & la terre ſont remplis
de ſa gloire. Le Pape Leon Quatriéme ſortant de Rome auec ſon
armée , défit en bataille les Sar-
razins prés la ville d'Oſtie. Vr-
bain Second vint en France prê-
cher publiquement la Croiſade,
ou la guerre pour la Terre Saincte. Le Côcile General de Troyes
en Champagne autoriſa par de-
cret la Saincte & ſacrée Religion Militaire du temple , que
le Grand Maiſtre de Pagan qui

lors fe treuuoit Ambaffadeur en France venoit de fonder en la paleftine. Et le Concile de Latran decerna la guerre contre les Albigeois, faifant le Comte de Montfort General de cette armée. Si la guerre n'eft point contre Dieu, elle n'eft point auffi côtre la nature ; Teophrafte Ariftote & Pline nous apprennent, que les hommes ont appris de la marche des poiffons dans la mer les ordonnances des batailles, de la Tortuë la forme des écus, des langues des ferpens la figure des fléches, des écailles des poiffons la forme des lames de fer de nos armes, & autres chofes femblables pour nous faire connoiftre, que les animaux eftoient naturellement armez, & portez à la guerre.

Au

Au commencement les nâ-
tions eftoient fi rudes & fi barbares, qu'il falloit employer la force & l'induftrie pour les domp-
ter ou les foûmettre à la raifon
ainfi que des beftes farouches,
& comme on fait encore à prefent à l'endroit des fauuages du
nouueau monde. De l'induftrie
procederent les loix & la Religion, & de la force les armes &
la guerre : mais comme les armes foûtenoient les loix & la
guerre deffendoit la Religion, il
s'enfuit que la guerre & les armes ne font pas moins legitimes, que la Religion & les loix
font iuftes & facrées. Diodore
affeure en fon hiftoire, que Dionifius Roy d'Egypte alloit par le
monde auec fon armée, pour
ranger les nations & les peuples

à la culture de la terre & leur
enseigner à planter le figuier &
la vigne. Plutarque en son traitté de la vertu d'Alexandre, nous
fait connoistre les auantages que
ses conquestes apporterent à l'A-
sie, par la communication des
bonnes loix & de la Philosophie des Grecs; & en leur ostant
la coûtume qui permettoit le
mariage du fils auec la mere &
du pere auec la fille. Cesar nous
montre en ses Commentaires,
que son armée dans les Gaules
les auoit par trois fois deliurées
des cruelles innondations des
Barbares, qui auoient accoustumé de les desoler. Tacite & Suë-
tone nous apprennent, que les
Gaules eurent encore cét auan-
ge de la victoire des Romains;
que l'Empereur Auguste y deffen-

dit la cruelle ceremonie de facrifier & brûler les hommes viuans, & que l'Empereur Claudius en abolit tout a fait la couftume par le maffacre de tous les Druydes. Enfin pour abreger, voyez ce que Pline dit en fon Panegyrique; que le Royaume d'Egypte eftoit perdu, s'il n'eût efté foûmis par les armes à l'Empire de Rome : le Nil venant vne fois à manquer en fes innondations, la famine en fuft fi grande qu'elle auroit tout détruit fans la prouidence de l'Empereur Trajan, femblable à celle des Dieux felon cét Auteur magnifique ; qui remplift cette Prouince de tant de grains eftrangers & auec telle abondance, par l'intereft qu'il auoit de la conferuer ; que cette reconnoiffan-

te nation attribua la cauſe de
ſon ſalut à la diuinité de Trajan,
pluſtoſt qu'à la diuinité de ſon
fleuue. A quoy l'on peut ajoûter
en faueur des guerres de l'Amerique, ſelon Herrera en ſon hiſtoire, & Campanelle en ſa Politique ; que l'idolatrie la Sodo-
mie & l'Antropophagie en furent bannies par la valeur des Eſ-
pagnols, apres y auoir regné ſi publiquement & auec tát de crime.

Il ne faut donc pas s'étonner
ſi la guerre a donné tant de reputation & de gloire, aux Roys
aux Princes aux Empereurs & aux
Capitaines qui l'ont ſi heureuſement conduite & ornée de tant
de ruſes & de belles maximes,
qu'elle en a merité le nó de ſcience. Ciceron rapporte en ſes ouurages, que le nom de Milice

vient du nom de Malice. Vegece que le nom d'Exercite,
vient du mot Exercice : & Polybe
que les Lacedemoniens ont efté
les premiers à mettre par écrit, les
ftratagemes de guerre ; qui font
de telle confideration parmy les
plus grands Capitaines, que Cefar
a dit en fes Commentaires de la
guerre Ciuile , qu'il n'y a pas
moins de gloire à vaincre fon
ennemy par le confeil que par le
glaiue. Les anciens Roys d'Egypte qui ont fait de fi glorieufes Cô-
queftes auoient les Calafires felon Diodore, & les Hermotibies,
deux ordonnáces de foldats tres-
confiderables. Cyrus entretenoit
en fon armée les Homotimes en
nombre de trente mil, qu'il exerçoit en perfonne aux euolutions
militaires comme il paroift dans

la Cyropedie. Xerces auoit les Immortels felon Herodote, qui estoient toufiours dix mil Caualiers des plus nobles & des plus vaillans de la Perfe. Plutarque rapporte que les Thebains auoiét la bande Sacrée dans leur Milice, dont Pelopidas estoit Colonnel & fi braue qu'elle défit par deux fois les Lacedemoniens en bataille. Alexandre le Grand auoit les Argyrafpides qui estoiét fa meilleure & plus fidelle infanterie, dont les boucliers estoient couuert d'argent, & qui fuiuirent le party d'Eumenes apres la mort de ce Prince. Les Roys de Macedoine auoient dans leurs armées la phalange Macedoniéne de fi grande valeur & de telle reputation, que les Romains feulement la peurent vaincre fe-

lon Polybe & Tite-Liue. Iules Cefar tenoit toufiours aupres de fa
perfonne comme il fe voit dans
les Commentaires, la dixiéme le-
gion d'vne hardieffe incóparable.
Polybe rapporte que les Roys Pto-
lomées d'Egypte auoient en leurs
armées la troupe furieufe , pour
fondement de leur puiffance. Les
Empereurs de Rome entretenoiét
les foldats Pretoriens , pour la fidelle garde de l'Empire & de leurs
perfonnes. Les Califes d'Egypte
auoient la Milicedes Mamelucs,
de grande reputation & d'extréme valeur dans les guerres. Les
Roys de Ierufalem eftoient re-
doutables dans les combats , à
caufe des trois Religions Militaires, du temple de l'Hofpital & des
Teutons , fuiuant l'Archeuefque
de Tyr en fon hiftoire Sacrée. Les

A a iiij

Princes Otomans ont encore les Ianniffaires, pour les rendre par tout victorieux. Et le Roy Louys le Iufte de triomphante memoire digne pere de Voftre Majefté, a donné tant de valeur & de reputation à fon Regiment des Gardes & à fa compagnie de Moufquetaires, qu'auec les nouueaux auantages qu'ils reçoiuent de vous Grand Roy Louys Augufte, ils peuuent facilement égaler où plutoft furmonter la gloire de toutes les precedentes Milices.

*L'Homme Heroïque doit aymer
la vertu & la gloire.*

CHAPITRE IX.

LE grand Philosophe Aristote asseure en sa Morale qu'il
faut se plaire dans les actions de la
vertu, pour meriter dignement le
tiltre d'Homme vertueux ; & que
pour obtenir auec raison la qualité de Magnanime, il faut aspirer
de tout son pouuoir à la gloire. Ce
sont les deux élements du Prince
Parfait ou Heroïque, les deux fô-
dements de l'honneur qu'il doit
acquerir dans le monde , & les
deux principes de son ambition
& de sa fortune : d'autant qu'il
doit auoir durant tout le cours de

sa vie, ces quatre nobles paſſions
pour éternelles compagnes ; l'a-
mour de la vertu, la haine du vice,
le deſir de la gloire, la crainte de la
honte ; & pour le dire en vn mot
auec tous les philoſophes, la pen-
ſée d'arriuer à la ſuprême felicité
qui eſt le ſouuerain bien, dont ils
recherchent la nature & les con-
ditions auec tant de contrarieté ;
que nos Theologiens meſmes
n'ont pû les accorder qu'en le
plaçant comme ils ont fait, dans
le ſublime ſeiour du Ciel Empy-
rée. Et toutesfois qui pourroit meriter plus dignement ce glorieux
auantage, que celuy comme dit
Ariſtote au dixiéme de la Morale
& Seneque en ſes Epiſtres; qui eſt
ſemblable à la nature de Dieu, par
ſes qualitez ou vertus admirables.
Caton eſtoit ſi iuſte & ſi ferme dás

la vertu, que Lucain l'appelle en
ſes vers le temple de la diuinité; &
Ioſephe dit en ſes Apologies côtre les enuieux de ſa Religion, que
les Loix de Moyſe eſtoient ſi ſainctes & ſi iuſtes, qu'il pouuoit les
attribuer à Dieu ſans blâme. I'ay
tréuué diſoit le Seigneur dans l'Eſcriture Saincte, vn homme ſelon
mon cœur dans la perſonne du
Roy Dauid à cauſe de ſes vertus
Royales & magnanimes.

La vertu eſt dans les actions,
& la gloire eſt dans les loüanges :
les actions font en nous le merite,
& les loüanges en ſont la recom-
penſe; de ſorte que la gloire eſt
moindre que la vertu, à cauſe que
les actiós de la vertu ſont en nous,
& que les loüanges qui nous donnent la gloire ſont dans les autres.
Les Anges le Ciel & les hommes

chantent la gloire du Seigneur, mais il est luy-mesme la vertu en sa toute puissance. Le magnanime dit Aristote n'ayme point les loüanges, parce qu'elles sont tousiours moindres que ce qu'il merite. La plus grande vertu des Romains estoit de sauuer vne armée, & la gloire la plus sublime de receuoir pour present vne Couronne faite d'herbe. Fabius Maximus preferoit le salut de l'Empire aux applaudissemens du peuple, & la vertu blâmée à la gloire mal-fondée. La prouidence ou la nature qui trauaillent pour la fin generale des choses, ont planté dans les hommes le desir de la gloire, pour les soûtenir dans les actions de la vertu au danger mesme de la vie: d'où vient qu'ils sont tous portez naturellement, à l'estime & au de-

fir de la gloire: d'où vient qu'Ariftote & les Anciens Philofophes
ont écrit, que le fouuerain bien
eftoit dans la gloire: & d'où vient
enfin que Sainct Thomas & les
Theologiens les plus éclairez, ont
pensé que l'honneur & la gloire
fe donnoient à Dieu comme les
plus grands de tous les biens, con-
formémentà ce que le mefme Ariftote a dit au quatriéme de la Morale; auec toutesfois cette difference, que cette gloire que Dieu reçoit eft feulement accidentelle,
parce que Dieu qui eft la vertu
porte en foy-mefme fa recompen-
fe. Si Dieu n'eftoit la Iuftice, il
feroit jufte par la iuftice & moindre que cette iuftice.

La vertu n'eft iamais fans honneur ny fans gloire, Tite-Liue
rapporte en fon hiftoire que les

soldats Romains, haïssoient &
admiroient ensemble la vertu de
Camillus. Homere introduit Agamemnon parlant de la sorte au
vaillant fils de Tydée, ie vous
appelle souuent à ma table, ie
vous y donne les premieres places, & vous y presente les meilleures viandes. Hector poursui-
uant le mesme Diomede qui se
retiroit du combat, luy dit hau-
tement ces paroles parmy d'autres, vous n'aurez plus dans les
banquets des Roys la premiere
place. La grande vertu de Caleb
merita de luy faire passer le Iour-
dain, pour ioüir de la terre pro-
mise. Le Roy Saül voulant honorer celle de Dauid ieune Ber-
ger, luy donna sa fille en mariage. Les Roys Catholiques Ferdinand & Isabelle receuant Colõ-

be qui n'eſtoit qu'vn ſimple mate-
lot, à ſon glorieux retour de la découuerte des Indes ; le firét aſſeoir
& couurir parlant auec eux dans
la ville de Barcelonne. Abas Roy
de Perſe ayeul d'Abas Second qui
regne à preſent , voulant auſſi
honnorer la grande vertu d'Al-
lauerdy General de ſes armées ,
qui reuenoit à la Cour ; ſortit à
ſa rencontre , deſcendit de cheual pour le ſaluer , & luy deffendit de faire le ſemblable. Et
Lyſander Capitaine des Lacedemoniens fut honnoré deuant ſa
mort en diuerſes villes de la Grece ; d'Autels & de Sacrifices cóme vne diuinité à cauſe de ſes
vertus admirables. Enfin Dupleix
rapporte en ſon hiſtoire Romaine , que Pagan Roy de Bulga-
rie fut éleué à cette Royale di-

gnité, à caufe de fa valeur & de fon grand courage l'an de Noſtre Salut fept cent foixante quatre, pour faire la guerre plus forte que iamais, à l'Empereur Cóſtantin Copronyme. Mais la honte qui eſt toufiours contraire à la gloire, accompagne fouuent les actions qui s'éloignent de la vertu : Diocletian auoit fait Maximian fon Collegue à l'Empire, ce dernier venant vn iour le treuuer, comme fuyant encore de la bataille qu'il auoit perduë contre les Parthes; Diocletian le fit marcher long-temps à pied derriere fon chariot couuert de fa robe d'or & ee pourpre.

L'Homme Heroïque doit aymer la vertu & la gloire, la vertu pour les actions & la gloire pour l'exemple. La vertu eſt âpre dan-

dangereuſe & difficile, la gloire
eſt agreable plaiſante & deſira-
ble ; parce que Dieu a fait encore ce mélange dans la nature
en faueur de l'humaine ſocieté,
pour adoucir la peine de la vertu
par le plaiſir de la gloire. I'ay dit
au chapitre quinziéme de mon
liure des fortifications, que la vertu mal-heureuſe à peu d'Emula-
teurs & qu'elle émeut pluſtoſt la
compaſſion que l'enuie ; & le
Marquis de Maluezy en ſon Romule , que ſi la vertu eſt ſans la
fortune qu'elle eſt mépriſée comme inutile : il faut donc aſpirer
aux honneurs & à la gloire, pour
faire éclatter la vertu , pour la faire paroiſtre auec auantage , pour
la rendre vtile & neceſſaire, pour
l'accompagner de la fortune, &
pour la faire deſirer de tout le

monde. Les triomphes pompeux
& magnifiques des Romains, leur
ont fait donner autant de batailles qu'ils ont remporté de victoires. La gloire de Miltiades m'em-
pesche de dormir difoit Themiftocles en Plutarque. Alexandre
fe plaignoit dans l'apprehenſion
de ne treuuer plus de matiere de
gloire, apres les conqueſtes du
Roy Philippe ſon pere. Et Ceſar
touſiours émulateur de ſoy-mé-
me comme dit Plutarque en ſa
Vie, n'aſpiroit qu'à ſurmonter
ſa gloire paſsée par de nouuelle
touſiours plus grande & plus ſublime. Les ſciences qui ſont les
vertus de l'eſprit donnent encore
cét auantage, la Sainćte Eſcriture chante par tout la gloire de
Salomon le plus ſage & le plus
ſçauant de tous les Monarques ;

Charles Second Roy de Naples,
eſtoit ſi liberal, & Robert ſon
fils eſtoit ſi ſçauant, que ce dernier acquiſt le ſurnom de Salomon, & l'autre celuy d'Alexandre.

Les qualitez les ſciences & les
vertus, ſont les trois élements
de la gloire; les qualitez procedent de la nature, les ſciences ſe
forment en l'eſprit, & les vertus s'exercent dans les actions
qui produiſent les habitudes. Le
Prince de Condé preſſoit vn iour
le Comte de Pagan, de luy dire
comment il auoit fait pour ſçauoir tant de choſes; c'eſtoit dans
Amiens au retour du ſiege de Ba-
paume & à ſa table, où eſtoit auſſi
le Duc de Luynes: ie luy répon-
dis en peu de mots & en forme
de Sentence, que i'auois touſiours

Bb ij

essayé d'auoir en moy tout ce
que ie voyois generalement loüer
dans les autres ; paroles tres-veri-
tables & que ie deuois proferer
de ma bouche, pluftoft pour toucher le cœur de ce ieune prince
qui a depuis gagné tant de batailles, que pour fatisfaire à moy-mé-
me : fçachant bien ce qu'Homere fait dire à Diomede parlant en
particulier auec Merionés, de
leurs belles actions & beaux faits
d'armes ; c'eft affez prenons garde feulement que perfonne ne
nous entende, car cela pourroit
diminuer noftre eftime. Toutesfois Plutarque en fes Opufcules,
Ciceron en fes ouurages, Caton le
Maieur en fa Vie, Arrian en fon
Alexandre, Sainct Paul en fes
Epiftres, & le Sauueur dans les
Euangiles ; nous apprennent cõ-

ment on peut se loüer soy-mème,
comment on peut soy-mème se
glorifier, & comment on peut
dans les occasions se donner par
fois des loüanges : il faut neantmoins qu'elles ayent tousiours ces
deux conditiós necessaires, qu'elles soient veritables, les Romains
punissoient de mort ceux qui les
accompagnoient de mensonges,
& qu'elles soient vtiles, plustost
pour les autres que pour soy-mesme, plustost pour les affaires publiques que pour les nostres priuées. Comme il paroist en l'exemple de Nicias selon Plutarque &
Thucydide, qui voulant dissua-
der aux Atheniens la guerre importante & ruineuse de la Sicile
leur disoit en pleine assemblée,
qu'ils deuoient d'autant plustost
croire à ses conseils de paix qu'il

estoit asseuré pendant la guerre,
d'auoir les premieres charges ou
dans la Republique ou dans les armées.

Aristote en sa Morale à traitté
diuersement du souuerain bien de
l'homme, & apres en auoir assez
declaré ses opinions, il semble
n'auoir point encore acheué de se
resoudre : il écrit au premier liure
qu'il est dans la science ciuile, qui
comprend tous les arts & toutes
les sciences; dans le troisiéme qu'il
consiste dans les actions, qui ont
pour regle & pour fondement la
vertu ; & dans le dixiéme qu'il est
dans la contemplation de l'enté-
dement, pour les subli nes con-
noissances. De sorte que ie puis
auec raison ajouster en cét ouurage, que l'Homme Parfait ou Heroïque doit constituer le souuerain

bien ou la supréme felicité ; dãs la
politique dans la Morale & dans
la Theologie , pour ajuster mon
sentiment à l'opinion de ce grand
Philosophe : dans les qualitez de
la Politique, pour être digne d'entrer dans les conseils ou le gouuernement des affaires publiques ;
dans les vertus de la Morale, pour
estre capable des grandes & magnanimes actions ; & dans la contemplation de la Theologie, pour
arriuer à la gloire supréme de l'v-
ne & de l'autre vie. Ce grand personnage ne peut consentir que le
souuerain bien , soit dans la seule
contemplation de l'esprit ou la retraitte de l'ame ; à cause de la necessité que nous auons des choses
exterieures & corporelles, qui sõt
en si grand nombre & si fort enla-
cées, qu'vn homme d'honneur &

de vertu ne peut y renoncer fans
blâme. Ie ne feray point dans le
repos pendant que tout le monde
eft en armes, difoit Caton à Brutus dans Lucain le Poëte; Et Seneque en fes Epiftres fe mocque de
la retraitte de Vacia qui viuoit
doucement à la campagne, pendant que tous les autres Senateurs
fouffroient dans Rome pour les
cruautez de Tibere. Si ie fuis neceffaire à ton peuple ie ne refufe
point le trauail ny la peine, difoit
vn Prophete au Seigneur dans
l'Efcriture Saincte ; & le grand
Archeuefque d'Alexandrie fainct
Athanafe reuenoit fouuent dans
les dangers & la preffe du monde,
pour remettre la foy Catholique
dás fon Eglife & parmy les Chre-
ftiens comme il fe voit dans Nicephore.

Si les actions font des vertus
c'eſt lors qu'elles ſont vtiles, & ſi
les vertus ſont heroïques c'eſt lors
qu'elles ſont en faueur du Prince
ou de la patrie. La vertu eſt entre
les hommes, ce que la raiſon eſt
dans la nature, & la iuſtice en la
prouidence. Dieu a tout fait en
poids en nombre & en meſure, ſelon le Prophete Moyſe, ce ſont les
trois fondements de la iuſtice: Seneque a dit en ſes Biens-faits que
la raiſon eſt dans tout l'vniuers &
en toutes ſes parties, pour l'ordre
& la conſeruation de tous les ouurages de la nature; & le Roy Salomon dans la Sapience que le ſalut de tout le monde au regard des
hommes, eſtoit dans le grand nô-
bre des ſages qui ont les vertus &
les ſciences; qui ont la prudence
pour gouuerner, la force pour cô-

battre, la iuftice pour ordonner, &
la continence pour s'abftenir des
voluptez, qui font le fondement
de tous les vices & la caufe de la
ruine des hommes. Il faut donc
aymer la vertu pour nous conduire à la gloire, il faut aymer la gloire pour nous attirer à la vertu ; &
pour obtenir la gloire & la vertu,
il faut aymer les trauaux les dangers & la peine. Pline affeure en
fon panegyrique que Trajan fe
plaifoit à méler la fueur de fon
front, auec la poufliere que fon
cheual éleuoit dans le milieu de
fon camp & de fon armée. Alexandre le Grád tout trempé d'eau
& de fueur dans le trauail du paffage de Lhydafpe, difoit aux
Atheniens de fon armée, voyez
la peine que ie prens pour eftre
eftimé de vous. Plutarque en fes

Vies rapporte que Caton le Cen-
feur estoit si laborieux dans les fatigues de la guerre, qu'il pardon-
noit moins à soy-mesme qu'aux
simples soldats de son armée. Et
Xenophon met ces dignes paroles en la bouche de Cambise parlant à Cyrus son fils, ne craignez
point de vous employer vous-mé-
me dans les trauaux & les fatigues
du camp les yeux de toute l'armée
serót tournez sur vous, pour adoucir la peine de vostre vertu par le
plaisir de cette gloire.

Mansiny fait dire à sa Cleopatre parlant à Cesar Auguste, qu'elle auroit plus de gloire de l'auoir
treuué genereux que de le rendre
tel par ses paroles ie diray maintenant le contraire de Vous Grand
Roy Louys Auguste, ie diray que
i'ay treuué en vostre Majesté vn

Prince Parfait ou Heroïque; &
ſi mes écrits auoient vn iour cét
auantage de contribuer à la perfection des autres qui voudroient
aſpirer à cette gloire, ie dirois a-
lors que l'exemple de Voſtre majeſté que ie propoſe en cét ouurage, pluſtoſt que la force de mes
raiſonnemens leur auroient éleué le courage. Vous auez l'amour
de la vertu, & l'amour de la gloire : vous aimez la vertu qui vous
porte dans les ſoins & les trauaux
des grandes affaires de voſtre
Royaume, & vous aimez la gloire qui donne le luſtre à vos vertus
& qui les rend par tout admirables. C'eſtoit autre fois la coûtume des Romains de remercier publiquement à l'entrée du Conſulat, les Princes qui les auoient éleuez à la charge ; ſi c'eſtoit vn bon

Empereur ils difoient en le louät
ce qu'il étoit, & fi c'eftoit vn mauuais Prince, ils difoient ce qu'il
deuoit eftre: Pline Second qui eut
le bon-heur de parler auec tant
d'éloquence & de verité à Trajan
le plus digne des hommes, a fait
cette remarque, & ie m'affeure Grand Roy Louys Auguste
fi mon ouurage à moins d'éloquence, qu'il a plus de verité dans
les loüanges qu'il oze vous donner, comme au Prince le plus glorieux de tous les Monarques.

FIN.

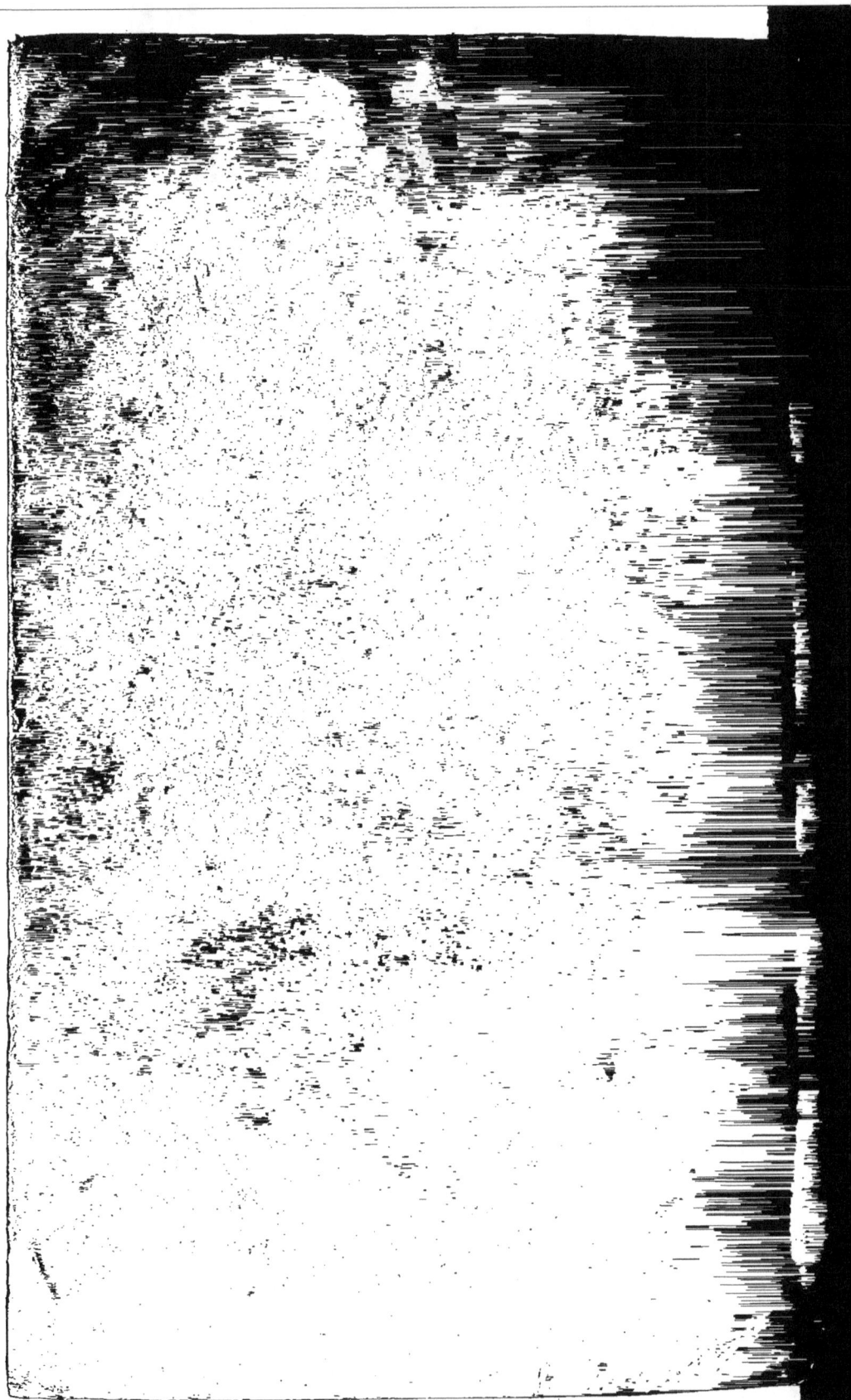

www.ingramcontent.com/pod-product-compliance
Lightning Source LLC
Chambersburg PA
CBHW061000220326
41599CB00023B/3775